LES
COLONIES FRANÇAISES

NOTICES ILLUSTRÉES

Publiées

PAR ORDRE DU SOUS-SECRÉTAIRE D'ÉTAT DES COLONIES

SOUS LA DIRECTION DE M. LOUIS HENRIQUE

Commissaire spécial de l'Exposition coloniale.

SAINT-PIERRE ET MIQUELON

PARIS
MAISON QUANTIN
COMPAGNIE GÉNÉRALE D'IMPRESSION ET D'ÉDITION
7, rue Saint-Benoît, 7

Tous droits réservés.

Cette publication, conçue sur un plan absolument nouveau, est, avant tout, un ouvrage de vulgarisation, qui a pour but de faire connaître au public nos possessions d'outre-mer sous l'aspect le plus réel, le plus vivant et le plus attrayant tout à la fois.

Ce n'est ni une simple description géographique, ni un précis historique écourté, ni une banale énumération de noms et de produits, ni un recueil de chiffres, tableaux et renseignements statistiques, encore moins un plaidoyer en faveur de tel ou tel système de politique coloniale : c'est une œuvre sincère, impartiale.

C'est la description fidèle des pays lointains, mal connus et mal jugés souvent, qui forment notre domaine extérieur, la peinture exacte des habitants qui peuplent ces petites Frances disséminées à travers les Océans, une sorte d'inventaire de notre richesse coloniale.

C'est pour le colon, le commerçant, le voyageur, une source de documents précieux sur le climat, l'alimentation, l'hygiène, les prix des denrées, le taux des salaires, les genres de culture et leur production, les voies et moyens de transport, le coût des voyages : en un mot, sur tout ce qui constitue la vie économique et sociale dans chacune de nos colonies; nous signalons même ce chapitre des notices comme particulièrement nouveau.

L'ouvrage comprend cinq parties, formant chacune un volume, divisé chacun en quatre fascicules :

I. — **Colonies et protectorats de l'océan Indien.**
— La Réunion. — Mayotte, les Comores, Nossi-Bé, Diego-Suarez, Sainte-Marie de Madagascar. — L'Inde française.
— Suivis d'une notice sur Madagascar.

II. — **Colonies d'Amérique.** — La Martinique. — La Guadeloupe. — Saint-Pierre et Miquelon. — La Guyane.

III. — **Colonies et protectorats d'Indo-Chine.** — Cochinchine. — Cambodge. — Annam. — Tonkin.

IV. — **Colonies et protectorats de l'océan Pacifique.** — La Nouvelle-Calédonie. — Tahiti, les Iles-sous-le-Vent. — Wallis, Futuna, Kerguelen. — Suivis d'une notice sur les Nouvelles-Hébrides.

V. — **Colonies d'Afrique.** — Le Sénégal. — Le Soudan français. — Le Gabon-Congo. — La Guinée. Obock. — Suivis d'une notice sur Cheïk-Saïd.

M. LOUIS HENRIQUE, commissaire spécial de l'Exposition coloniale, a été officiellement chargé par M. le Sous-Secrétaire d'État des Colonies d'élaborer le plan de l'ouvrage et d'en diriger la publication. Il a eu pour collaborateurs :

MM. CHARVEIN.	MM. Baron MICHEL.
CLOS.	MORICEAU.
DELONCLE J.-L.	PELLEGRIN.
DULUC, Jean.	RAOUL.
EBRARD ST-ANGE.	RÉVOIL.
DE FONVIELLE.	TRÉFEU.
FRANÇOIS.	VÉRIGNON.

Toutes les illustrations ont été dessinées d'après nature spécialement pour cet ouvrage ; une ou plusieurs cartes dressées par M. PAUL PELET, d'après les documents les plus récents et les plus complets, accompagnent chaque monographie.

SAINT-PIERRE-MIQUELON.

SAINT-PIERRE. — Le Barachois.

SAINT-PIERRE ET MIQUELON

CHAPITRE PREMIER

Précis historique.

Pêcheurs basques et bretons. — Les premiers explorateurs du XVIe siècle. — Création des premiers établissements. — En 1763, la France ne conserve plus que Saint-Pierre et Miquelon. — En 1778, les Anglais s'emparent des îles Saint-Pierre et Miquelon. — Paix de Versailles en 1783. — Phases diverses jusqu'à la paix d'Amiens. — En 1816, le gouvernement français s'occupe de repeupler la colonie. — Rivalités et contestations fréquentes entre pêcheurs anglais et français.

Pêcheurs basques et bretons. — Nous ne possédons plus dans l'Amérique du Nord que deux îlots : Saint-Pierre et Miquelon, derniers vestiges de notre domination au Canada.

Plusieurs peuples revendiquent l'honneur d'avoir les

premiers fréquenté ces parages. Les Danois et les Norvégiens paraissent avoir connu Terre-Neuve dès le xi⁰ siècle. Les Basques français se flattent d'y être venus dans le courant du xiv⁰ siècle.

Quoi qu'il en soit, il est certain que nos pêcheurs basques et bretons venaient dès le moyen âge pêcher dans les eaux de Terre-Neuve où la morue se trouvait en abondance. Ce n'est guère pourtant que vers le xvi⁰ siècle que commencèrent les voyages d'exploration.

Au mois de juin 1497, un Vénitien, Cabot, reconnaissait la pointe la plus orientale de l'île qu'il dénommait *cap Bonavista*. En 1501, Corte Real abordait la baie de la Conception et, continuant son exploration par le nord-est, il parvenait jusqu'au Labrador, qu'il dénomma *Terre du Laboureur*, d'où l'origine de son nom.

Bergeron, en 1505, et Jean Denis de Honfleur, en 1506, puis un Espagnol du nom de Gomez, en 1525, explorèrent successivement les rivages de l'île. Verazzano paraît avoir été l'explorateur le plus sérieux de l'époque. En 1525, il s'emparait de l'île au nom du roi de France et lui donnait le nom de *Terre-Neuve* qu'elle a conservé depuis.

Jacques Cartier suivit les traces de Verazzano et s'appliqua surtout à reconnaître les baies qui pouvaient offrir des ports de refuge aux bâtiments de pêche.

Ce n'est du reste qu'au commencement du xvii⁰ siècle que nos pêcheurs fondèrent leurs premiers établissements sédentaires sur Terre-Neuve. A partir de cette époque, grâce à la fondation de nouvelles colonies au Canada et dans l'Acadie, grâce aussi aux encouragements accordés par le gouvernement, la pêche de la morue commença à acquérir de l'importance, et cent ans plus tard, en 1710, on ne comptait pas moins de 3,000 habitants à Terre-Neuve.

Terre-Neuve faisait partie de cette magnifique colonie qui porta le nom glorieux de *Nouvelle-France* et qui s'étendait de la frontière actuelle des États-Unis jusqu'au pôle, et de l'Atlantique au Pacifique. Nous devions la perdre entièrement à la suite d'une série de conflits soulevés par l'Angleterre.

Le traité d'Utrecht (1713). — Le traité de paix conclu à

Côte Sud de Saint-Pierre.

Utrecht le 13 avril 1713 nous arracha les côtes sud et est de Terre-Neuve. Mais nous conservions le privilège exclusif de la pêche sur la partie orientale, depuis le cap Bonavista jusqu'à la pointe la plus occidentale, et de là jusqu'au cap Riche, sur la côte ouest, sans pouvoir y établir d'autres constructions que des abris pour les pêcheurs et des séchoirs pour le poisson.

En 1763, après la déplorable guerre de Sept ans, la France perdit le Canada et ses autres possessions de l'Amérique du Nord, et il ne lui resta plus dans ces parages que les petits îlots Saint-Pierre et Miquelon que le traité de Paris de 1763 lui céda pour servir d'asile aux pêcheurs qui voudraient rester fidèles au drapeau national. Les droits de pêche et de sécherie, reconnus par le traité d'Utrecht, furent d'ailleurs confirmés et même étendus.

Ce fut le baron de l'Espérance qui fut chargé d'aller prendre possession de ces îles au nom de la France.

C'est à cette époque que remonte la fondation de nos établissements de pêche sur les îles Saint-Pierre et Miquelon. Le premier noyau d'habitants sédentaires fut formé en grande partie d'Acadiens désireux de rester sous la domination française.

Voyons comment nos compatriotes ont été amenés à s'établir dans ces îles.

En 1755, l'Acadie, bien qu'elle fût sous la domination anglaise depuis 1713, était toujours française de cœur; elle manifesta trop haut les sentiments qui l'attachaient à la mère patrie. Nos compatriotes furent alors sommés par les Anglais de prêter serment de fidélité au roi Georges et de se déclarer publiquement ses sujets dévoués. Ils refusèrent, ne voulant ni désavouer leur nationalité ni prêter un serment qui répugnait à la fois à leur patriotisme et à leur conscience. Le gouvernement anglais n'hésita pas à prendre une décision rigoureuse, barbare : il les déporta.

Sept mille habitants de tout sexe et de tout âge furent attirés dans une embuscade, cernés et arrêtés par l'armée anglaise, puis déportés en masse dans la Nouvelle-Angleterre. Les familles furent dispersées, les pères séparés de leurs enfants, les maris de leurs femmes; les terres, maisons et bestiaux des proscrits, confisqués au profit de la couronne qui les distribua à ses nouveaux colons. Peu d'Acadiens s'établirent dans la Nouvelle-Angleterre; la plupart allèrent sur les rives du Saint-John, quelques-uns

PANORAMA DE SAINT-PIERRE.

à la Louisiane, d'autres en Guyane. Un certain nombre se réfugia à Saint-Pierre-Miquelon.

« Il n'y a pas d'exemple dans les temps modernes, dit M. Garneau, de châtiment infligé à un peuple paisible et inoffensif avec autant de calcul, de barbarie et de sang-froid. »

En 1764, le chiffre des habitants établis à Saint-Pierre-Miquelon dépassait un millier.

Trois ans plus tard, les produits de la pêche donnaient en moyenne 60,000 quintaux de morue, et il était employé à cette industrie environ 220 bâtiments jaugeant ensemble 24,000 tonneaux et montés par 8,000 marins ou pêcheurs.

En 1778, lors de la guerre de l'indépendance, les Anglais s'emparèrent des îles Saint-Pierre et Miquelon dont ils détruisirent les constructions de fond en comble, forçant les habitants, au nombre de 1,200, à se réfugier en France.

La paix de Versailles, en 1783, qui termina cette guerre, rendit à la France les îles Saint-Pierre et Miquelon, confirmant nos droits de pêche sur la côte de Terre-Neuve (French-Shore) du cap Saint-Jean à la côte est, et jusqu'au cap Rouge, situé à l'extrémité sud-ouest. Tous les habitants qui avaient été forcés de quitter la colonie en 1778, y furent ramenés aux frais de l'État, au nombre de 1,223, et l'année suivante plus de 318 navires, jaugeant ensemble 34,658 tonneaux et montés par 10,000 marins ou pêcheurs, prenaient part à la pêche sur les bancs de Terre-Neuve.

Cette prospérité ne devait malheureusement pas durer : les Anglais s'emparèrent en 1793 de Saint-Pierre-Miquelon, et l'année suivante ils en déportèrent les habitants en France. Restituées de nouveau par la paix d'Amiens (1802), ces îles furent reperdues en 1803, et rendues définitivement par le traité de Paris de 1814 qui stipulait en outre, quant aux droits de pêche des Français sur les côtes de

Terre-Neuve ainsi que dans le golfe de Saint-Laurent, que tout serait sur le même pied qu'auparavant.

Ce n'est qu'en 1816 que le gouvernement français s'occupa de repeupler la colonie. Il fit de nouveau appel aux colons réfugiés en France. Ceux-ci, à peine arrivés, relevèrent le bourg de Saint-Pierre, qui avait été détruit en 1795. Une partie d'entre eux allèrent se fixer à Miquelon et y fondèrent le village de ce nom.

Les deux dernières guerres avaient abattu complètement les pêcheries françaises. Les Anglais en profitèrent pour faire prospérer les leurs; ils engagèrent d'importants capitaux dans cette industrie productive : la campagne de pêches de 1814 rapporta à nos voisins plus de 1,200,000 quintaux de morue représentant une valeur de 65 millions de francs. L'année suivante cependant nos armateurs, un instant découragés, reprirent confiance et se mirent de nouveau à l'œuvre, pour disputer le terrain à leurs rivaux.

Le traité de 1814 ayant laissé plusieurs questions de détails en suspens, une convention fut signée à Londres en 1857 entre les représentants des deux pays. Malheureusement bien des points sont encore restés obscurs, et chaque année nos pêcheurs rencontrent des obstacles sur les rivages de la Grande-Terre pour l'exercice de leur industrie. Le droit de pêche qui nous est concédé a donné lieu à plusieurs reprises à des rixes entre les pêcheurs, ainsi qu'à des contestations diplomatiques entre les gouvernements de la France et de l'Angleterre. Il ressort, en effet, du texte même des traités que la France a le droit exclusif de pêcher sur les côtes qui lui ont été attribuées, c'est-à-dire du cap Saint-Jean au cap Rouge. Les Anglais prétendent, eux, qu'ils ont le droit d'y exercer la pêche concurremment avec nous. En fait, ils ont peu à peu pris pied sur la côte et revendiquent comme un droit aujourd'hui ce qu'ils ont obtenu progressivement par suite de la tolérance de la France.

La question n'est donc pas résolue, tant s'en faut. Il y a quelques années les deux gouvernements intéressés ont cherché une solution amiable; une convention destinée à délimiter plus exactement les droits des deux nations sur les pêcheries du littoral de Terre-Neuve a même été passée après de laborieuses tergiversations; mais elle n'a pas été ratifiée par le Parlement de Terre-Neuve.

La morue.

Saint-Pierre. — Au fond du Barachois.

CHAPITRE II

Description géographique.

Situation des îles. — Les buttereaux de Langlade. — Formation géologique. — Voies de communication. — Routes. — Villes principales. — Saint-Pierre. — Côtes de Terre-Neuve.

Situation des îles. — Les îles Saint-Pierre et Miquelon sont situées dans l'océan Atlantique à 5 ou 6 lieues de la côte méridionale de l'île de Terre-Neuve et se composent de plusieurs îlots placés par 46° 46′ de latitude nord et 58° 30′ de longitude à l'ouest du méridien de Paris, savoir : Saint-Pierre, la Grande et la Petite Miquelon ou *Langlade*, l'*île aux Chiens*, le *grand Colombier* et le *petit*

Colombier, l'*île aux Vainqueurs*, l'*île Massacre*, l'*île aux Moules*.

Saint-Pierre a 7 kilomètres et demi dans sa plus grande longueur, 5 kilomètres de circonférence; sa surface est de 2,600 hectares.

Une série d'éminences donnent à l'île un profil mamelonné. Dans les petits vallons formés par les dépressions de ces éminences, il existe une douzaine d'étangs dont les principaux sont ceux du *Géoland*, de *Riche-Pomme*, de la *Vigne*, du *Pain-de-Sucre*. L'étang le plus considérable est celui de *Savoyard*, qui communique avec la mer et qui a une superficie de 44 hectares.

Miquelon présente une plus grande étendue de territoire, 18,423 hectares. Elle se divise, comme nous l'avons dit, en deux parties : la Grande Miquelon et la Petite Miquelon, autrefois séparées par un fond de sable que les envasements de la mer ont couvert depuis 1783, et qui reçut le surnom lugubre de *Nécropole de navires*, tant est considérable le nombre des bâtiments qui sont venus s'y échouer, en cherchant un passage qui n'existait plus que sur les cartes.

La Petite Miquelon (Langlade) n'est distante de Saint-Pierre que par une étendue de mer d'environ une lieue de largeur. Ce canal présente parfois de grosses difficultés pour sa traversée, la houle y étant très forte quand les vents soufflent de la partie sud-est ou du nord-est. On y voit maintes fois chavirer les frêles embarcations qui ont eu l'imprudence de tenter la traversée par une grosse mer.

LES BUTTEREAUX DE LANGLADE. — C'est là qu'apparaissent les buttereaux, série d'éminences reliées les unes aux autres et courant à la mer par rangées successives. Ces monticules de sable qui font l'effet d'énormes tentes offrent assez bien l'aspect d'un camp dont le rivage formerait le front de bandière. Comment le vent, en un jour de gaieté, s'est-il amusé à fabriquer tous ces gros tas de sable? La force qui les a procréés aurait pu les détruire, mais la végétation a consolidé cette agrégation en poussière jaune, et aujourd'hui les buttereaux verdoient, sauvés de l'éparpillement par leur revêtement agreste. On peut évaluer leur nombre à cent cinquante, et on les dirait tous jetés dans le même moule tant ils se ressemblent. M. Maurice

Un coin de côte.

Caperon en parle avec admiration dans un ouvrage plein d'anecdotes qu'il a publié sur Saint-Pierre-Miquelon :

« Rien de joli comme une promenade à cheval dans les buttereaux. Leurs versants, en s'abaissant, forment une multitude de petits cirques qui communiquent entre eux par des saignées de sable éboulé... Et le spectacle se renouvelle sans cesse. Quand un buttereau finit, un autre recommence; tantôt vous êtes sur un sommet, tantôt au fond d'un entonnoir resserré entre quatre pans si élevés qu'on voit à peine le ciel, et quand arrivé sur le sommet du dernier buttereau, vous contemplez le paysage qui vous entoure, vous ne pouvez retenir un cri d'admiration. La mer à l'ouest avec le déploiement de ses lames à sextuple rang, vient baiser, dans la blancheur de son écume, le pied des collines, et les collines tressaillent sous cette étreinte farouche, comme remuées délicieusement dans leurs flancs. Pour peu que le soleil se mette de la partie et accroche ses flèches d'or aux saillies de la terre, aux aspérités des flots, une clarté intense rejaillit sur cette communion intime des grandes forces de la nature... »

Formation géologique. — Les îles Saint-Pierre et Miquelon sont presque exclusivement formées par des porphyres pétrosiliceux, à pâte d'un brun violâtre ou d'un rouge vineux, dont les fissures sont remplies par des injections de quartz le plus souvent opaque, quelquefois limpide et vitreux, et alors cristallisé. Sur certains points des rivages, on rencontre des blocs erratiques qui doivent avoir été apportés par des glaces flottantes; ce n'est d'ailleurs qu'une supposition de Lyell qui explique ainsi la présence de blocs semblables sur les rives du Saint-Laurent et les côtes du Labrador.

L'île Miquelon renferme du minerai de fer en quantité appréciable; beaucoup de navires, en approchant du littoral, ont observé des variations notables dans leur compas, et il se trouve même certaines portions du sol où le fer existe en si grande abondance que, lorsqu'on y pose une boussole, l'aiguille aimantée décrit d'une façon désordonnée des arcs de cercle très étendus et quelquefois des cercles entiers.

En 1874-1875, on a trouvé à Miquelon des minières de terre de Sienne ou ocre jaune. En outre, des schistes ardoisiers ont été découverts sur Langlade.

En 1867, on crut même découvrir au cap Miquelon une mine d'or. Mais l'analyse indiqua que le minerai en question n'était composé que de sulfate de cuivre et de sulfure de fer; les parcelles brillantes que l'on y avait remarquées avaient seules pu faire croire à une découverte importante.

Voies de communication. — Bien que suffisantes pour cette petite colonie, les voies de communication ne répondent pas encore aux exigences d'une population qui déploie une activité extraordinaire.

Deux routes principales mènent de Saint-Pierre aux deux points extrêmes de l'île. La route qui conduit au cap à l'Aigle, appelée « route de *Gueydon* », est la promenade favorite des habitants. En la suivant, on domine toute la rade et on embrasse d'un coup d'œil l'horizon qui s'étend jusqu'à la côte méridionale de l'île de Terre-Neuve. La « route de Gueydon » est carrossable et a une longueur de 2 kilomètres.

Une autre route conduit à Savoyard; elle s'appelle « route de l'*Iphigénie* » jusqu'au rond-point, et « route de la *Cléopâtre* » à partir du rond-point. Ce sont, en effet, les équipages des frégates l'*Iphigénie* et la *Cléopâtre* qui ont ouvert cette voie de communication reliant Saint-Pierre à Savoyard (1850-1855).

Cette route a une longueur de 5,130 mètres; elle est carrossable, bien entretenue, bordée de chaque côté de jolies propriétés, et attire pendant les belles journées un assez grand nombre de promeneurs. Une bifurcation, commençant à la ferme Girardin et conduisant au Diamant prend le nom de « route de la *Bellone* ».

En 1879, une route conduisant à Galantry a été commencée par les marins de la goélette de l'État la *Canadienne*, et terminée par les soins de l'administration.

Il faut citer encore la « route de l'*Anse-Pierre* », ayant 3,941 mètres de longueur et 2 mètres de largeur : ce n'est qu'un chemin non carrossable, ouvert par la Société du câble télégraphique anglais pour la pose du câble souterrain.

A Saint-Pierre il n'y a point de rivières, mais quelques

ruisseaux qui servent au dégorgement des étangs situés dans l'intérieur. Ces étangs sont presque tous pourvus d'anguilles et de truites saumonées. Ils fournissent aussi l'éperlan, excellent petit poisson, plus mince et plus effilé que le goujon, et qui vit dans l'eau saumâtre.

A Langlade, un cours d'eau d'une certaine importance mérite à tous égards, par les sites charmants qu'il traverse, son surnom : la *Belle-Rivière*. Il attire pendant l'été de nombreux pêcheurs à la ligne qui trouvent là l'occasion d'une partie de plaisir.

Des travaux de canalisation ont été exécutés en vue d'assurer aux habitants une eau potable pour la consommation journalière, et abondante, en cas d'incendie.

VILLES PRINCIPALES. — On peut dire que depuis la reprise de possession des îles Saint-Pierre et Miquelon, la ville de Saint-Pierre seule a réalisé des progrès sensibles. Ce qui n'était qu'un bourg en 1816 est devenu une véritable petite cité maritime, dont la rade est encombrée à certaines époques de l'année par une quantité de navires.

Quand on mouille dans la rade, en dedans du cap à l'Aigle et vis-à-vis de l'île aux Chiens, le panorama de Saint-Pierre se découvre libéralement au voyageur, qui, d'un coup d'œil, peut embrasser tout ce que cette résidence offre de remarquable.

Dans le fond, en face, un groupe de maisons en bois à un étage, presque toutes noircies par l'âge et surtout les pluies, une habitation un peu plus haute : c'est la demeure du gouverneur. Plus loin le clocher d'une église assez jolie; puis une manière de fortin dont l'usage réel ne paraît être autre que celui de donner des canons à prendre à un ennemi quelconque; enfin, à droite et à gauche, des cases éparses et des graves, ou plages artificielles où sèche la morue.

La ville de Saint-Pierre représente — non compris sa banlieue — une superficie de 84 hectares. Elle a été éprouvée par de terribles incendies qui, à trois reprises différentes, l'ont à moitié détruite. Le courage des habitants s'est employé à la relever de ses ruines, et cela avec une telle activité que dans le côté nord, qui était autrefois un

Une rue à Saint-Pierre.

terrain vague et marécageux, s'est formé tout un quartier nouveau.

La physionomie générale est agréable. Un grand nombre de rues sillonnent la ville, et l'on compte quatre grandes places publiques, dont une sur le quai La Roncière, au centre duquel est érigée une fontaine en bronze.

Quand on pénètre dans le port, ce qui frappe les regards,

c'est une croix gigantesque, dressée sur un monticule qui domine Saint-Pierre et appelé, à cause de cela, le *Calvaire*.

Une rue de Saint-Pierre, lorsque beaucoup de navires des Bancs sont en rade, ne laisse pas de présenter un tableau mouvant et digne d'intérêt. Ces grosses faces brunies et graves jusque dans leur joie, qui se montrent à toutes les fenêtres, ces groupes d'hommes trapus et vigoureux qui remplissent les places, les parcourant de ce pas balancé ordinaire aux matelots, dont la démarche pesante rappelle toujours celle de l'ours polaire, les cheveux rouges des marins anglais qui viennent vendre la boîtte, leurs yeux bleus à fleur de tête qui contrastent si parfaitement avec la mine refrognée de nos Normands, et, au milieu de cette vivante et insouciante allure de tous ces hommes d'action, la physionomie plus fine et plus éveillée des marchands, c'est là un spectacle qui vaut la peine d'être vu.

Il y a peu d'édifices qui se recommandent par leur caractère architectural. L'hôtel du directeur de l'intérieur, reconstruit après l'incendie du 15 août 1879, est un de ceux que les habitants donnent comme le plus intéressant. L'hôtel du gouverneur, dont la construction remonte à 1816, est d'un aspect agréable avec ses magnifiques pelouses ornées de corbeilles de fleurs. Les autres bâtiments de l'administration n'ont rien de remarquable.

En dehors des fonctionnaires amenés à Saint-Pierre par les nécessités du service, la population comprend uniquement des pêcheurs et des négociants. Nous aurons plus loin à nous occuper de la grande industrie du pays : la pêche de la morue.

Pendant l'hiver, la ville est morne et l'existence assez triste; mais aux premières brises printanières, les pêcheurs disposent leurs agrès et les négociants leurs approvisionnements. Quand paraissent à l'horizon les premières voiles françaises, elles sont saluées par des cris de joie. Les rues se peuplent, les magasins se rouvrent, les cabarets retentissent de chants joyeux. Bientôt l'animation est à son comble. Plus de 10,000 matelots se pressent et se coudoient. Les négociants les attendent à la porte de leurs magasins pour leur proposer des marchés qu'ils ont la naïveté d'accepter, dépensant avec une rare insouciance un argent qu'ils ont gagné avec tant de peine.

Côtes. — Les côtes de Terre-Neuve qui avoisinent Saint-Pierre et Miquelon sont désolées et maussades. Pour entrer dans la baie de Saint-Georges, on longe quelque temps une langue de sable qui s'avance parallèlement à la terre; on en double la pointe, et on pénètre dans un vaste bassin entouré de rives assez plates. A l'est s'élèvent des maisonnettes de bois en grand nombre, et, devant toutes celles qui touchent à la mer, une lignée de débarcadères chargés de tonneaux. Le coup d'œil n'a rien de réjouissant.

Cependant il faut reconnaître que les cabanes ont bon air. Elles sont remarquablement propres au dehors et au dedans, garnies de meubles d'une certaine élégance, fournies de bons poêles qui permettent de braver la rigueur des hivers interminables. Hommes, femmes et enfants sont vigoureux, bien portants, de bonne humeur, bien vêtus. Rien n'est plus singulier que de voir passer sur cette grève sauvage des dames et des jeunes demoiselles en chapeaux tenant, lorsque le temps veut bien le permettre, une ombrelle à la main. Cette élégance jure avec l'aspect de la contrée et plus encore avec le genre de vie du beau sexe. Car les dames sont des néréides. Elles tirent les barques à terre, vont prendre le poisson dans la baie avec leurs pères et leurs maris, le salent et l'encaquent de leurs propres mains. Tout cela ne les empêche pas d'avoir une tenue fort convenable et d'être pour la plupart très agréables à regarder.

A Saint-Georges et sur toute la côte de Terre-Neuve, la population, qui est en presque totalité irlandaise, ne manque absolument de rien. Au printemps, on n'a ni assez de bras, ni assez de temps pour prendre les harengs dans la baie, et, une fois pris, leur faire subir les préparations convenables. En été, les hommes vont pêcher au dehors. En automne et en hiver, on coupe le bois pour le chauffage et on raccommode les maisons et les embarcations. Chacun travaille, mais profite directement et personnellement de son travail. Nul ne contraint son voisin qui n'obéit à personne qu'à la nécessité, et tout le monde est affairé et content.

Le Grand-Barachois. — La navigation dans les eaux de Saint-Pierre et Miquelon est difficile. A la partie sud de la Grande Miquelon s'ouvre le Grand-Barachois autrefois appelé le *Havre des Dunes*. Quand la mer bat son plat, il représente une vaste nappe d'eau bornée du côté de Miquelon par une série de contreforts abrupts pour expirer, du côté de Langlade, en une ligne assez indécise, sur un terrain plein d'alluvion. Cette nappe d'eau occupe un espace de 2 milles de large. C'est un vaste étang qui, en aboutissant à la mer, s'étrangle en un chenal fort étroit qu'on désigne sous le nom de *Goulet*. L'orifice de ce Goulet ne dépasse pas 25 à 30 mètres. Il est surmonté d'une barre, souvent difficile à franchir. Aussi le goulet n'est-il accessible qu'aux goélettes d'un très faible tonnage.

Lorsque les eaux rétrogradent dans la mer, l'effet est admirable. M. Caperon en trace un tableau saisissant :
« ... Enfin l'heure de l'étale est passée. Le mouvement rétrograde s'accuse par un fort courant dans le chenal. Les eaux défilent entre les deux berges du Goulet, pressées d'obéir à la force aveugle qui les pousse. Ne vous avisez pas alors

LA CÔTE A SAINT-PIERRE.

de passer le chenal à la nage, vous seriez emporté vers le large en moins de temps qu'il ne le faut pour l'écrire. Et quelle serait votre épouvante de vous retrouver en pleine mer avec vos faibles bras pour tout aviron!... »

Malgré les avalanches d'eau qui opèrent leur retraite dans le sein d'Amphitrite, il faut encore trois bonnes heures pour vider cette énorme cuvette qui s'appelle le Grand-Barachois; mais le désemplissage se fait graduellement et mérite d'être noté dans ses phases successives.

Les dunes s'exhibent par leurs sommets, larges d'abord comme une tonsure. Puis la tonsure s'agrandit, devient platier. Le platier devient plateau, et à demi-marée, la terre ferme le dispute à l'élément liquide; bientôt elle gagne sur lui, elle le conquiert, et l'eau, refoulée vers les niveaux plus bas, constitue des lagunes qui miroitent avec des éclats d'argent. L'éliminement se poursuivant, les lagunes se rétrécissent, se raréfient, elles forment des hachures blanches dans la blondeur des grèves. Enfin, les dunes s'exhaussent encore, se propagent de plus en plus, se soudent les unes aux autres, et il arrive un moment où le Grand-Barachois est découvert.

Quoique fort belle, l'anse de Miquelon est ouverte et peu sûre. Il faudrait de grands travaux pour en faire un mouillage convenablement aménagé.

L'éclairage des côtes est aussi perfectionné que possible. Deux phares ont été construits, l'un sur la Pointe-Plate de Langlade, et qui porte jusqu'à 20 milles, l'autre sur le contrefort qui domine le cap Blanc, à l'extrémité nord-ouest de la Grande Miquelon.

Port de Saint-Pierre. — Dans toute la colonie, il n'y a donc que Saint-Pierre dont la rade présente quelque sûreté: aussi est-ce là que viennent mouiller et relâcher les grands navires arrivant d'Europe ou d'Amérique.

Cette rade, qui a plus d'un mille de longueur, s'ouvre à l'extrémité nord-est de l'île aux Chiens et prend fin à l'île aux Moules. Le Barachois de Saint-Pierre est grand et spacieux; 200 goélettes de pêche y séjournent pendant l'hiver, mais il a peu de fond; les navires calant 3^m,50 de tirant d'eau au maximum peuvent seuls y entrer à mer haute.

Une digue qui est en construction depuis plusieurs années protège les navires ancrés dans le Barachois contre l'action

Pyramide de l'Iphigénie.

des vents sud-est. Elle est malheureusement restée inachevée, malgré l'utilité qu'elle présente pour la sûreté du port. Il y a lieu de souhaiter le prompt achèvement de ce travail nécessaire. Il en est de même du Barachois dont l'approfondissement est projeté depuis une trentaine d'années et devient chaque année une nécessité pressante en raison de l'importance croissante du commerce de Saint-Pierre. Un autre projet, encore plus complet, dû à l'initiative de M. le capitaine de vaisseau Le Clerc, est à l'étude : il consisterait à abriter au moyen de digues la rade comprise entre la route du cap à l'Aigle et l'île aux Chiens.

Jusqu'à ce jour, la métropole n'a pas pu s'intéresser à l'amélioration des conditions de la navigation dans les eaux de Saint-Pierre. Les travaux dont il s'agit ont cependant un caractère d'utilité incontestable et offrent un intérêt particulier pour le commerce métropolitain et étranger.

Dans ces conditions, il serait désirable que la métropole prît à sa charge la plus grande partie des dépenses que nécessitera le curage du Barachois. C'est une œuvre qui exigerait une assez forte dépense, mais qui, terminée, assurerait à Saint-Pierre un très brillant avenir.

Les abords de Saint-Pierre, comme ceux des deux Miquelon, sont éclairés par une série de phares, dont les feux, de l'aveu de tous les navigateurs, sont les plus brillants de toutes les côtes de Terre-Neuve. La passe de Saint-Pierre est en outre signalée par un sifflet de brume réinstallé à neuf en 1886, qui a remplacé l'ancien signal consistant en un coup de canon tiré d'heure en heure. Ce sifflet est entendu à 10 ou 15 milles en calme, et à 3 ou 6 milles pendant une tempête.

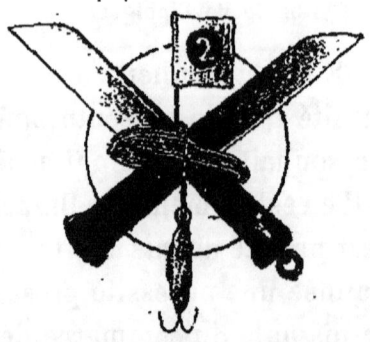

Engins de pêche et de salage.

SAINT-PIERRE. — La cale américaine.

CHAPITRE III

Administration.

Administration générale. — Administration judiciaire. — Stations navales.

ADMINISTRATION GÉNÉRALE. — Les îles Saint-Pierre et Miquelon sont administrées par un gouverneur qui, jusqu'au décret du mois de septembre 1887, n'avait que le titre de commandant.

Pour diriger les différentes parties du service, il a sous ses ordres :

1º Le chef du service de l'intérieur, chargé de l'administration intérieure de la colonie, et de la police générale.

2º Le chef du service judiciaire, qui remplit en même

temps les fonctions de procureur de la République au tribunal d'appel et au tribunal civil.

Un tribunal de commerce a été institué dans la colonie par décret du 24 février 1881. Il se compose : du juge-président du tribunal civil de première instance et de deux assesseurs.

3° Le chef du service administratif, qui représente plus spécialement l'autorité maritime.

Un conseil privé est placé près du gouverneur ; il se compose : du directeur de l'intérieur, du chef du service administratif de la marine, du chef du service judiciaire, et d'un conseiller privé, nommé pour deux ans, par décret du Président de la République.

Par décret du 2 avril 1885 a été institué un conseil général de 13 membres, élus au scrutin de liste et répartis en trois circonscriptions électorales.

Une commission coloniale instituée par le même décret se réunit au chef-lieu au moins une fois par mois.

La colonie n'élit ni sénateur, ni député; elle est représentée à Paris par un délégué qui siège au conseil supérieur des colonies.

Une pétition a été adressée à la Chambre des députés et au Sénat par la colonie qui réclame le droit de représentation à la Chambre au même titre que nos autres possessions.

La colonie de Saint-Pierre-Miquelon a sensiblement le même nombre d'électeurs que la Cochinchine. Elle tient le quatrième rang parmi les colonies, par ordre d'importance commerciale après les Antilles et la Réunion et avant la Guyane.

Administration judiciaire. — Il y a aux îles Saint-Pierre-Miquelon deux justices de paix, l'une à Miquelon et l'autre à Saint-Pierre. Dans cette dernière ville siège un juge de paix en titre. À Miquelon, les fonctions de juge de paix sont remplies par le commis de la marine chargé du service administratif.

Le conseil d'appel, dont le siège est à Saint-Pierre, se compose d'un juge-président et de deux officiers du commissariat, pris parmi ceux qui sont licenciés en droit les plus élevés en grade. Les fonctions du ministère public sont remplies par le procureur de la République, chef du service judiciaire.

Contre tous les arrêts rendus par le tribunal d'appel

Saint-Pierre. — Hôtel du Gouvernement.

dans les matières civiles et correctionnelles dont la connaissance lui est attribuée, la voie de cassation est ouverte, sauf dans les cas prévus par les articles 40 et 41 de l'ordonnance du 26 juillet 1833.

Le tribunal d'appel se constitue en tribunal criminel pour le jugement des affaires où le fait qui est l'objet de poursuite est de nature à emporter peine afflictive ou infamante.

Il se complète alors par l'adjonction de quatre notables, désignés chaque année par le gouverneur, sur une liste dressée à cet effet.

Tous les arrêts rendus par le conseil d'appel dans les matières criminelles de sa compétence peuvent être soumis à cassation.

Le notaire de la colonie doit résider à Saint-Pierre, mais il exerce ses fonctions dans toute l'étendue de la colonie.

Armée. — Station navale. — L'armée se compose d'un détachement de disciplinaires des colonies, commandé par un cadre tiré de l'infanterie de marine.

Aucun gouvernement n'a jugé utile de pourvoir la colonie de moyens de défense, d'ailleurs parfaitement inutiles; car, en cas de guerre, s'il fallait la défendre, il y faudrait transporter une garnison considérable dont le ravitaillement coûterait cher et serait plus utilement employé ailleurs.

On se borne donc à envoyer, chaque année, trois bâtiments dans les mers de Terre-Neuve, pour la protection de la pêche française. Ces bâtiments composent la division navale de Terre-Neuve.

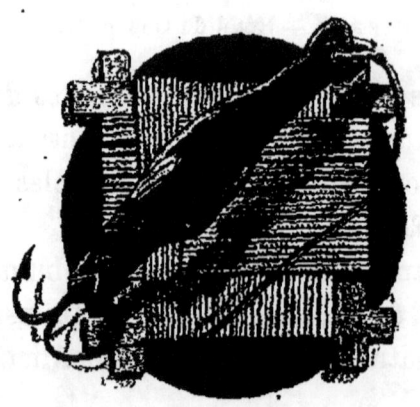

Une ligne et sa faux.

Saint-Pierre. — Batterie des Saluts.

CHAPITRE IV

Économie politique et sociale.

Production du sol. — Productions industrielles. — La pêche de la morue. — Petites pêches. — Primes. — Importation. — Exportation. — Condition des salaires. — Centres de population. — Climatologie. — Moyens de communication. — Prix des passages et des frets. — Service postal. — Monnaies. — Les appâts de pêche.

Productions du sol. — Les ressources agricoles de la colonie sont peu importantes. L'île Saint-Pierre offre l'aspect d'un rocher déshérité par la nature; le sol y est rocailleux en grande partie; au bas des collines on trouve des espaces assez étendus d'un terrain humide et tourbeux, résultant de la décomposition des mousses, et qui est à peu près infertile. Aussi n'y rencontre-t-on que des genévriers condamnés à ramper perpétuellement sur le sol, et un fouillis inextricable de sapins minuscules ainsi que des bouleaux nains. Ces petits arbustes verts, dont quelques-uns sont centenaires, n'atteignent pas 2 mètres d'élévation; ils s'enchevêtrent les uns dans les autres, et rendent presque impossible la marche du promeneur assez naïf pour tenter une excursion dans ces parages.

Avec des soins constants et des amendements fréquents, les fermiers arrivent cependant à modifier la nature du sol. Il n'est pas de maison, si pauvre soit-elle, qui n'ait son petit jardinet, formé à grands renforts de terres rapportées, et où tous les légumes de France viennent très bien; le marché de Saint-Pierre en est suffisamment approvisionné pendant six mois. Il ne faudrait pas songer, par exemple, à y planter des arbres fruitiers; ils ne produiraient certainement aucun fruit.

La Grande Miquelon ne se prête pas non plus aux exploitations agricoles. Le sol est montagneux, raviné, coupé de marécages, de tourbières profondes que leur surface mouvante rend d'un accès particulièrement dangereux.

Tout autre est l'aspect de Langlade ou Petite Miquelon. Ce sont, ici et là, coteaux boisés, prairies émaillées de boutons-d'or et de marguerites, bouquets de bois avec une grande variété d'essences d'arbres, le sapin, le bambou, l'if, l'érable, le sorbier, le néflier, le noisetier, le rosier, le poirier sauvage, le groseillier, le fraisier, dont les fruits ont le parfum de la fraise des bois, si appréciée en France.

Le climat ne permettant pas de tenter des essais fructueux de culture de céréales, on a dû se borner jusqu'à ce jour à créer et à entretenir des prairies naturelles. Les herbages y sont, en effet, hauts et drus et servent de foin pour le bétail. Une des industries du pays est d'engraisser, pendant la belle saison, les animaux importés du continent pour les revendre ensuite.

En dehors de ces produits, on ne peut guère compter développer dans notre colonie une production agricole quelconque, et il faut se résigner à rester tributaires de l'Amérique pour les céréales.

Aux îles Saint-Pierre et Miquelon, rien de ce que produit la terre n'est à dédaigner; aussi croyons-nous intéressant de parler d'une récolte, qui, toute insignifiante qu'elle soit, est avidement recherchée par les habitants : ce sont des graines qui tapissent, par endroits, le sol, en quantité considérable, des « pommes de prés » et des « plate-bière », dont on fait des confitures, un peu acides, mais excellentes, assure-t-on.

Parmi les plantes, il faut citer la violette des champs, inodore et à fleurs pâles, celle qu'on appelle la violette de chien (*viola canina*); enfin un petit arbuste rampant au ras du sol et dont les brindilles sont garnies de petites feuilles vertes. Ces petites feuilles sont recueillies soigneusement et, en infusion, elles produisent une boisson très parfumée.

On fabrique aussi avec une variété de pin désignée sous le nom de *spruce* une bière, dite *sapinette*, qui a une grande vogue jusque dans Terre-Neuve; on emploie pour cet usage toutes les parties de l'arbre, mais on préfère les branches vertes et garnies de leurs feuilles. La bière de spruce est la boisson habituelle des habitants, boisson économique — son prix de revient ne dépasse pas deux centimes la bouteille — et saine, à cause des principes de goudron qu'elle contient. La bière de spruce entre dans la composition de la ration des équipages des bâtiments de guerre en station dans ces parages.

Tels sont à peu près les produits naturels de la colonie. En comprenant l'étendue des jardins et des prairies artificielles, on peut évaluer à 2,550 hectares le chiffre total des terres mises en valeur et en état de rapport. Ce chiffre restera probablement longtemps stationnaire. Le voisinage de colonies très fécondes, comme le Canada par exemple, rendrait, du reste, éphémères toutes tentatives de concurrence. De ces colonies, la nôtre recevra toujours les denrées et fourrages à meilleur marché qu'elle ne pourrait les produire, et on peut conclure que la stérilité naturelle du sol, jointe à la rigueur prolongée de l'hiver, s'oppose à ce que les cultures puissent prendre à Saint-Pierre et Miquelon un développement de quelque importance.

Ce paragraphe ne serait pas complet si nous ne parlions pas des animaux qui existent dans la colonie et dont quelques-uns servent à l'alimentation des habitants. Les marins pêcheurs, à qui l'hiver procure des loisirs forcés, s'adonnent à la chasse des oiseaux de mer, fort nombreux en ces parages. Il y a toute une variété de canards dont les principaux sont le moyac, le mâle de coco, le cacaoulte, la macreuse, le béjaune, le miquelonais, le garrot, le pigeon de mer qui a les pieds rouges, la bacayère ou grand guillemot. Cette chasse aux oiseaux de mer se fait au moyen de *statues*, posées pour appeler l'attention du gibier, et avec le concours des chiens de Terre-Neuve, qui, forts et adroits, s'élancent avec intrépidité à la poursuite du gibier tombé à la mer.

Dans la Grande Miquelon et surtout à Langlade, on trouve du gibier à plumes en assez grande quantité. Les chasseurs apprécient principalement la perdrix-lagopède, volatile d'un volume beaucoup plus considérable que la perdrix de France, puisqu'il pèse 7 ou 800 grammes.

Depuis quelques années, Miquelon s'est enrichi d'un

nouvel hôte : le lapin. Au printemps de 1881, l'administration de la colonie, aidé de quelques particuliers, a fait venir de la côte voisine vingt-cinq couples de lapins qui ont été lâchés sur la rive gauche de la *Belle-Rivière*, à un demi-kilomètre environ du Goulet. L'essai a pleinement réussi. Aujourd'hui, les lapins ont franchi la dune de

Un pont de bois à la Petite Miquelon.

sable qui sépare Langlade de la Grande Miquelon et se sont répandus sur l'île entière, en proportion considérable. L'espèce de ce lapin se rapproche beaucoup plus du lièvre que du lapin d'Europe.

Dans les plaines campent des bandes de courlieux. Le courlieu est, paraît-il, un mets délicat, mais il ne se laisse guère approcher, ce qui rend sa capture difficile. Il y a le pluvier doré, le pluvier à collier et une infinité de petits oiseaux appelés ortolans qui ne sont, en réalité, que des alouettes. On trouve également aux alentours des étangs un excellent gibier décoré du nom d'outarde et qui n'est qu'un canard sauvage.

Il reste à parler du veau marin (*phoca vitulina*), qui se distingue des autres espèces qu'on rencontre dans les mers, au large de Terre-Neuve, en ce qu'il est d'humeur sédentaire et fréquente toujours les mêmes baies. C'est un curieux spectacle de voir ces amphibies, de véritables troupeaux, prendre leurs ébats sur les plages du Grand-Barachois. Telle est la vigilance de ces veaux marins, qu'ils ne se laissent jamais surprendre. Ils ont toujours soin d'aposter quelques-uns des leurs en grand'garde pour veiller au salut commun et, à la moindre alerte, le campement est levé avec une promptitude extraordinaire. On ne peut guère les capturer qu'au moyen de filets tendus ou en lançant contre eux des chiens de Terre-Neuve, spécialement dressés à cette chasse.

PRODUCTIONS INDUSTRIELLES. — *La pêche de la morue.* — Certes l'homme aurait à tout jamais fui ces lieux désolés et nos îlots de Saint-Pierre-Miquelon ne seraient que des îlots anonymes, si l'on n'avait découvert dans leur voisinage une véritable mine précieuse et d'autant plus précieuse qu'elle se renouvelle incessamment : c'est le grand banc de Terre-Neuve.

D'ordinaire, un banc est une étendue de sable plus ou moins couverte d'eau ; mais le banc de Terre-Neuve est tout à fait sous-marin. A des profondeurs considérables, mais qui, pourtant, ne dépassent guère 160 mètres, existent des alluvions vaseuses, archipel invisible qui ne se révèle au navigateur que par la teinte plus claire, l'agitation et la fraîcheur des eaux. On les nomme les bancs de Terre-Neuve. On en compte trois principaux : le Grand-Banc, le

Banc-à-Vert et les Banquereaux ; et deux secondaires, le Banc-Jacquet et le Bonnet-Flamand. Le Grand-Banc atteint une longueur de 500 kilomètres sur 360 de large. Sa profondeur moyenne est de 30 à 45 mètres. Il est comme coupé en deux par un vaste sillon nommé la *Fosse*. Tous ces bancs qui, sans doute, sont des alluvions vaseuses formées par le gulf-stream, servent d'asile ou plutôt de patrie à d'innombrables légions de poissons. C'est là que foisonne surtout la morue, soit qu'elle y dépose son frai, soit qu'elle s'y rende après l'avoir confié aux algues du rivage. Aux dernières semaines d'avril, elle abandonne ses stations inconnues d'hiver et vient chercher sa nourriture sur le Grand-Banc. On y assiste, pendant tout l'été, à une fermentation tumultueuse de vie animale, qui se prolonge en traînées mouvantes le long des îles voisines et du continent, jusqu'à ce que, de nouveau, l'hiver les refoule dans le fond des mers ou dans les régions polaires et équatoriales jusqu'au printemps prochain.

La grande pêche est une industrie spéciale qui s'implanta de bonne heure dans une vingtaine de nos ports de l'Océan. Parmi les riverains qui s'adonnent à cette industrie, le premier rang a longtemps appartenu aux Basques. Ils ne connaissaient pas de rivaux et leur supériorité dura jusqu'au xviie siècle. Saint-Jean-de-Luz était alors une florissante cité, dont les négociants et les armateurs étaient connus par la hardiesse et le bonheur constant de leurs opérations. La mer, en un jour de fureur, c'était en 1675, brisa les rochers qui défendaient l'entrée du port et assaillit la ville. La décadence commença et ne s'arrêta plus. Malgré les efforts de Vauban et les travaux de Napoléon Ier, la mer a continué son œuvre d'envahissement et de destruction. Le port se combla, la ville fut ruinée et les habitants se dispersèrent. Bayonne a recueilli en partie l'héritage de Saint-Jean-de-Luz, mais les beaux jours de splendeur ont disparu.

Les Bretons viennent après les Basques. Actifs et résolus, très soumis dans le service, de sang-froid dans le danger, ils ont toujours été de bons marins ; malheureusement ils ne sont pas sobres et l'influence pernicieuse de l'alcool leur enlève en grande partie leurs qualités natives. Une douzaine de ports bretons, Saint-Brieuc, Paimpol, surtout Saint-Malo et Saint-Servan, s'occupent activement de la grande pêche.

La Normandie compte aussi sur la Manche divers ports qui expédient à Terre-Neuve, Dieppe, Fécamp et surtout Granville. Les Normands sont de solides matelots, à toute épreuve au moment du danger, mais ils ne sont pas plus sobres que leurs voisins les Bretons.

Tous ces marins, quelles que soient leurs qualités, sont encore dépassés par les Flamands, race unique au monde et qui serait parfaite, si l'abus des liqueurs ne compromettait trop souvent chez elle l'esprit de discipline.

Enfin nous arrivons aux habitants de Saint-Pierre-Miquelon, dont nous avons spécialement à nous occuper et qui, comme jadis leurs ancêtres les Acadiens de Saint-Pierre et Miquelon, sont d'excellents marins, honnêtes, courageux et hospitaliers.

Nous allons suivre, dans un rapide exposé, tous ces pêcheurs dans leurs campagnes.

Il y a une distinction à faire entre les armements dits avec pêche et sécherie et les armements dits avec salaison à bord.

Les bâtiments armés avec salaison peuvent avoir comme équipage autant d'hommes qu'il plaît à l'armateur et au capitaine d'y mettre, tandis que les bâtiments armés avec sécherie sont assujettis à un minimum d'équipage. Le décret du 10 juin 1879 avait fixé comme suit la proportion des équipages pour les bâtiments armés avec sécherie :

50 hommes d'équipage pour les navires de 142 tonneaux ou au-dessus;

30 hommes d'équipage pour les navires de 90 à 142 tonneaux;

20 hommes d'équipage pour les navires au-dessous de 90 tonneaux.

Si ces mêmes navires vont au Grand-Banc de Terre-Neuve avec sécherie, ils doivent avoir 50 hommes d'équi-

SAINT-PIERRE. — Quai de la Roncière.

page à partir de 142 tonneaux et 30 hommes au-dessous de 142 tonneaux.

Un décret du 16 février 1889 a modifié les dispositions du décret du 10 juin 1879 dans les conditions déterminées ci-dessous :

1° Armements destinés pour la pêche de la morue soit à Saint-Pierre-Miquelon, soit sur la côte de Terre-Neuve :

30 hommes au moins si le navire jauge 142 tonneaux ou au-dessus;

25 hommes au moins si le navire jauge 90 à 142 tonneaux;

20 hommes au moins si le navire jauge moins de 90 tonneaux.

2° Armements destinés pour la pêche au Grand-Banc avec sécherie :

30 hommes au moins si le navire jauge 142 tonneaux et au-dessus;

25 hommes au moins pour les navires au-dessous de 142 tonneaux.

Cette distinction entre armements avec salaison et armement avec sécherie n'est pas seulement importante au point de vue de la prime d'encouragement à toucher par homme; elle a aussi son intérêt dans la latitude laissée au navire, suivant qu'il est armé avec salaison ou avec sécherie.

Il y a obligation pour les navires armés avec salaison de rapporter en France la totalité des produits de pêche. Tout ce qui leur est permis de faire, s'ils viennent à Saint-Pierre et qu'ils ne veuillent pas conserver leurs morues à bord, — parce que leur cale est pleine et qu'ils veulent pêcher encore, — c'est de transborder sur un *long courrier* leur chargement de morues, lesquelles sont préparées en France. Cette interdiction de débarquer les morues dans la colonie n'existe pas pour les navires armés avec sécheries; c'est, au contraire, leur raison d'être que de livrer la morue à l'*habitation* pour y être lavée et séchée.

L'habitation est ce que compose une série de magasins, de vastes plaines défrichées où un assemblage de pierres artificiellement disposées constitue la *grave*.

Saint-Malo et Granville pratiquent plus particulièrement l'armement avec sécherie. Les navires avec salaison à bord appartiennent généralement aux ports de Dieppe et de Fécamp et relèvent presque toujours directement pour la France.

Il y a les armements à la côte est de Terre-Neuve. Les navires ainsi armés ne touchent presque jamais à Saint-

Pierre. Ils se rendent directement au lieu de leur destination, dans cette partie délimitée connue sous le nom de « French Shore ». Des armements se font également à la côte ouest.

Comment se recrute le personnel employé à la pêche? Les armements locaux trouvent un personnel tout constitué dans la population maritime de l'île. Mais comme les marins résidant dans la colonie ne peuvent suffire à armer toutes les goélettes de pêche, c'est en France qu'on les prend. Un armateur s'est-il décidé à expédier un navire aux bancs, il confie d'ordinaire au capitaine qu'il a choisi le soin de recruter son équipage. Les contrats d'engagement stipulent toujours, outre la nourriture, un minimum de salaire qui est payé avant l'embarquement, et une part éventuelle dans les produits de la pêche. La part de pêche est fixée à un cinquième pour l'équipage, et se répartit en autant de lots qu'il y a d'hommes. On estime, en général, que le lot de chaque matelot varie de 800 à 1,400 francs.

Le métier de pêcheur au Banc est rude et peu lucratif; pourtant ceux qui l'ont pratiqué n'y renoncent jamais. Leurs enfants et leurs petits-enfants s'y dévouent également. Il faut les voir à terre quand ils marchent les mains dans leurs poches, tout gonflés du sentiment de leur importance. Leurs costumes atteignent les dernières limites du désordre pittoresque. Des bottes montant jusqu'à mi-cuisse, des chausses de toile ou de laine, des camisoles de toutes couleurs, des cravates immenses ou plutôt des pièces d'étoffes serrées autour du cou, des bonnets de laine, et, sortant de ces guenilles, de larges mains, des visages basanés et de longues barbes. Tel est l'aspect du pêcheur des bancs.

Pour que rien ne manque à la ressemblance, prenez cet homme et roulez-le, avec son équipement, dans la graisse et dans l'huile de poisson. S'il n'était pas couvert de ces deux enduits, ce ne serait pas un vrai pêcheur.

Une fois l'armement au grand complet, il ne reste plus qu'à appareiller pour le Banc. La traversée de France aux bancs est périlleuse, car, dans ces huit cents lieues de mer, on traverse une région parcourue par des glaces errantes et couvertes de brouillards. Le séjour sur les bancs est plus dangereux encore même en plein été : les brumes y sont parfois si épaisses qu'on n'y voit pas d'une extrémité à l'autre des navires. Les dangers ne viennent pas seulement du temps; il y a aussi les collisions à craindre, le Grand-Banc étant sur le passage des vapeurs transatlantiques qui viennent trop souvent se jeter sur les goélettes de pêche.

Tous les navires ont un droit égal à l'entier domaine des pêches; pourtant une longue tradition a créé des habitudes dont on ne s'écarte guère. Ainsi Bayonne et Bordeaux n'arment que pour le Grand-Banc; Saint-Servan, Saint-Malo, Granville, Fécamp et Dieppe expédient à la côte de Terre-Neuve et au Grand-Banc. Les autres ports ne fréquentent que Terre-Neuve. Quant aux autres stations particulières dans d'autres régions, liberté absolue.

Le banc de Saint-Pierre offre souvent des pêches très fructueuses. Il n'est fréquenté, du reste, que par des goélettes dont le tonnage n'est pas assez fort pour leur permettre un long séjour dehors.

Le Banquereau, situé comme le précédent au sud-ouest de Saint-Pierre, est fréquenté par les navires français et les goélettes américaines. Le poisson qu'on y pêche, quoique abondant, est petit. Particularité remarquable : au mois de juin, la morue s'éclipse momentanément du Banquereau, disparition immédiatement suivie du départ des goélettes qui y sont mouillées.

VUE DE SAINT-PIERRE.

C'est sur le Grand-Banc qu'on trouve la plus belle morue, son poids moyen est de 4 kilogrammes ; on en rencontre cependant pesant jusqu'à 15 kilos. On y pêche aussi d'énormes flétans, qui deviennent généralement la propriété des équipages qui les salent.

La boîte. — La saison de la pêche dure du 1er avril au 1er octobre. Elle se divise en trois périodes d'après le poisson (boîtte) employé en guise d'appât. Dans la première, d'avril à juin, on se sert du hareng qui paraît à cette époque en quantités innombrables sur la côte de Terre-Neuve. Quand le hareng fait primeur, il se vend assez cher, jusqu'à 20 francs le baril. Mais à mesure que les offres ne répondent plus aux demandes, le prix décroît et il arrive un moment où, tous les bâtiments pêcheurs étant pourvus, il ne sert plus que d'engrais pour le sol défriché des fermes.

Quand passe le capelan, de juin à juillet, commence la seconde pêche. Le capelan est un petit poisson qui descend des mers du Nord, poursuivi par les morues, lesquelles sont à leur tour chassées par de plus grosses espèces. Du 12 au 15 juin, il se produit dans les anses des deux îles un merveilleux phénomène qui dure pendant plusieurs jours. Les capelans se répandent en masses tellement épaisses que parfois le flot les rejette sur le rivage où ils s'amoncellent en un tas qui atteint parfois 30 ou 40 centimètres d'élévation. Le pêcheur ramasse sa provision en quelques instants.

La troisième période, qui dure de juillet à septembre, se fait avec l'encornet, petite pieuvre qui se laisse prendre très facilement au moyen de ce qu'on appelle une *turlute*, suspendue à une ligne de main.

Il nous faut parler aussi d'une espèce d'appât très recherché par les petits pêcheurs à qui il ne coûte rien puisque le Grand-Barachois de Langlade en contient une quantité inépuisable. Ce sont les coques ou bucardes, dont la présence se révèle dans le sable par un petit trou qui va en s'évasant à fleur de terre. La coque est un mollusque qui loge dans une coquille double en forme de cœur. Le mollusque ne vaut pas grand'chose, mais il est très apprécié de la morue qui ne s'en lasse jamais. Un coup de bêche, et la bucarde s'exhibe d'elle-même au pêcheur.

Les procédés de pêche varient suivant les stations. Notons que la pêche côtière est moins pénible que sur le Banc. Au Grand-Banc, comme le navire doit rester stationnaire pendant plusieurs semaines, il jette l'ancre et détache des chaloupes qui se mettent isolément en quête du poisson. Chacune de ces chaloupes laisse tomber deux lignes qui se fixent au fond par un grappin et supportent 5 ou 6,000 hameçons. Le lendemain, on relève ces lignes et on porte le butin à bord.

A Terre-Neuve, les navires restent au mouillage et envoient au large chaque matin des chaloupes faire la pêche d'après divers procédés, dont les plus usités sont la seine, la trappe et la ligne à la main. La seine est un immense filet de 200 mètres de longueur sur 30 mètres de hauteur qui nécessite, pour être manœuvré, au moins huit hommes. La trappe est un engin encore plus puissant. Quels que soient les procédés, les résultats sont extraordinaires. Il semblerait, depuis les siècles que dure cette pêche que la morue ait disparu ou du moins soit devenue rare; mais sa fécondité est effrayante. N'a-t-on pas compté 9,340,000 œufs dans le ventre d'un seul animal? Si le plus grand nombre de ces œufs n'était privé de la laite féconde du mâle ou détruit par divers accidents, la morue en peu d'années aurait comblé l'Océan. Par bonheur, il est impossible de trouver un animal plus stupide et moins défiant. Les morues se pressent autour de l'appât et attendent leur tour, pour ainsi dire, afin d'être enlevées. Elles luttent presque entre elles pour se donner à l'homme, et on a remarqué, en effet, que les plus grosses étaient toujours prises au début de la saison.

PETITE PÊCHE. — Disons un mot de la petite pêche qui se pratique dans les eaux voisines de Saint-Pierre-Miquelon avec la simple ligne de main ou la *faux*.

La faux est un poisson en plomb terminé par deux crochets en forme d'hameçon, auquel est imprimé un mouvement de va-et-vient continuel. La morue se laisse prendre facilement avec cet engin.

A la Pointe-au-Cheval, dans la Grande Miquelon, fleurit une succursale de la petite pêche, succursale modeste, qui se synthétise dans un groupe de trente-cinq cabanes alignées le long du plein. Ces trente-cinq cabanes sont occupées d'avril à octobre par une centaine de pêcheurs au plus.

Après être sortie de l'eau, la morue subit diverses préparations. On commence par *piquer* la morue, autrement dit l'éventrer jusqu'au nombril, ce qui semble indiquer une piqûre faite avec une certaine vigueur. Les détritus sont jetés à la mer. On ne garde que les foies et les rognes. Puis la morue est *décollée*, c'est-à-dire qu'on lui coupe la tête. Elle est livrée ensuite au trancheur, qui presque toujours est le patron, et d'une dextérité remarquable. De la main gauche, recouverte de la moufle (mitaine garnie de cuir), il saisit la morue par l'oreille, et avec le couteau qu'il tient dans l'autre main, la fend jusqu'à la queue — d'un seul coup, — puis, ramenant prestement son couteau dans la partie correspondante à la cavité abdominale, il enlève la moitié de l'arête médiane.

D'autres mains la saupoudrent de sel et l'empilent en tas. Cette opération de salage se fait de diverses façons.

Tantôt on se contente de couvrir au hasard le poisson de pelletées de sel, tantôt on applique le sel en plus petites quantités, mais avec plus de soin, principalement le long de l'épine dorsale. La morue une fois salée est arrimée. Elle est ce qu'on appelle morue verte ou morue au vert.

Pour l'opération du séchage, voici comment on procède à Saint-Pierre. Débarquées du navire sur l'habitation, les morues sont lavées au bord de la mer et mises en tas pour les faire égoutter. Au bout d'un jour ou deux, on les étend sur la grève où on les laisse jusqu'à ce qu'elles aient acquis la rigidité nécessaire à leur conservation.

Cascade à la Bonne Baie.

Les deux endroits où s'opère la dessiccation se nomment les *chauffauts* et les *vigneaux*. Un chauffaut, ou échafaud, est une cabane de bois sur pilotis, moitié dans l'eau, moitié sur terre, ouverte à tous les vents. Une partie du plancher est à claire-voie, et c'est dans cette partie que sont rangés les établis où l'on décolle la morue. Les chauffauts répandent une odeur infecte, car l'atmosphère y est constamment chargée de vapeurs ammoniacales, et comme les graviers sont peu délicats, ils ne songent guère à se débarrasser des débris de poisson, à moitié pourris, qui, peu à peu, s'accumulent autour de leurs ateliers. On pourrait fabriquer avec ces détritus un engrais aussi fertilisateur que le guano. Aussi on commence à bâtir des usines pour recueillir cet engrais animal. A l'entrée du détroit de Belle-Isle, il en existe une qui fournit chaque année 8 à 10,000 tonnes d'engrais.

Quant aux vigneaux, ce sont de longues tables de branchages mobiles, qu'on peut incliner dans tous les sens et sur lesquelles on étend les morues.

Une fois le désarmement opéré, s'agite la question délicate du paiement. Il est généralement convenu que les deux tiers appartiennent à l'armement, l'autre tiers revient à l'équipage, sous déduction de certains frais établis dans la même proportion. Mais ici une question peut s'élever. Quand les engagements ont été contractés, on ne savait pas quel serait le prix de la morue. Sa valeur a pu osciller pendant la durée de la campagne. Faudra-t-il payer le tiers de l'équipage au cours le plus bas ou au cours le plus haut? La clause usuelle est que le tiers de l'équipage sera payé au prix moyen de la colonie. Reste l'opération subsidiaire de répartir entre les hommes de l'équipage d'une goélette le tiers qui leur revient. Il est généralement attribué au patron entre deux et trois parts; au second une part un quart; au matelot une part; au novice trois quarts ou deux tiers de part; et au mousse une demi-part.

Pour les marins sédentaires qui habitent Saint-Pierre-Miquelon, le règlement s'opère de la même façon, à moins qu'il n'y ait un fournisseur principal qui se soit interposé entre l'armateur et le pêcheur, pour solder ce dernier, après s'être remboursé des avances qu'il lui a faites en fournitures. Ce règlement de comptes donne quelquefois lieu à d'interminables discussions qui ne prennent fin que dans le cabinet du juge de paix.

Primes. — L'allocation des primes pour favoriser la pêche de la morue a toujours été admise par les différents pouvoirs législatifs qui se sont succédé depuis 1816. Ces encouragements se divisent en primes d'armement et primes sur les produits.

Le système de prime tel qu'il a été institué par la loi du 22 juillet 1851 et aussi par celle du 28 juillet 1860 sera en vigueur jusqu'au 30 janvier 1891. Une innovation, qui est un véritable bienfait pour la population de ces îles, a été introduite par le décret du 17 septembre 1881. La petite pêche a été admise à bénéficier de la prime d'armement. Une condition a été mise à l'obtention de cette prime : il faut que la durée de pêche soit de 120 jours, à accomplir du 1er avril au 30 septembre.

Comme conséquence du régime institué, la morue, l'huile et tout autre produit de pêche préparé ailleurs que dans les possessions françaises sont réputés produits étrangers et prohibés à l'introduction dans la colonie.

La morue sert surtout à l'alimentation. Par goût, par raison ou par mortification, nous avons tous mangé et nous mangerons encore de la morue. Pour se rendre un compte exact de l'importance de cet utile aliment, il faut songer aux capitaux mis en circulation par cette pêche : nourriture et salaire des équipages, matériaux pour la construction et l'armement des navires, sel pour la conservation des morues, etc. On a le droit de l'affirmer, la morue entretient une partie de l'activité du littoral français. Elle occupe annuellement plus de 600 navires, jaugeant 80,000 tonneaux. La production totale varie entre 35 et 40 millions de kilogrammes, représentant une valeur de 12 à 14 millions de francs, et qui sont dirigés sur la France, les Antilles, la Réunion et en général sur les pays où leurs expéditions créent un droit à la prime d'exportation dans les conditions fixées par le décret du 29 décembre 1851.

Les exportations de morue ont été :

	Francs.
En 1867, de	6,806,620
En 1872, de	9,142,298
En 1877, de	7,129,677
En 1882, de	10,686,492
En 1887, de	13,439,532

C'est nous qui fournissons de morues, en dehors des ports français, l'Italie, la Grèce, le Levant et l'Algérie, l'Espagne et le Portugal. La morue pénètre même sous pavillon français jusqu'au Chili et au Pérou.

On raconte qu'un jour Colbert avait à sa table un enseigne de vaisseau qui se plaignait du trop grand nombre de jours d'abstinence prescrits par l'Église catholique. « Cette observation, répondit le ministre, est fort déplacée dans la bouche d'un officier de marine, car vous paraissez ignorer que, sans les jours maigres, tomberaient les pêcheries, séminaires naturels de nos matelots. »

Huiles et issues. — La morue donne à l'homme d'autres produits utiles. Les œufs, que l'on désigne sous le nom particulier de *rogne*, sont employés en France comme appâts pour la pêche de la sardine. Les huiles extraites du foie sont destinées à l'usage des tanneries; elles constituent aussi, comme on sait, un remède excellent pour le traitement de certaines maladies. Voici comment on fabrique cette huile. On construit un *cageot*, sorte de cône renversé en planches, qui peut avoir de 2 à 3 mètres de côté. Le fond est à claire-voie, et domine une large cuve enfoncée en terre. On y entasse les foies qui, par la fermentation, donnent une huile brune ou blonde. L'huile blanche se fabrique tout aussi facilement; il suffit du bain-marie pour briser les cellules et faire sortir l'huile, qui est alors

Une grave.

d'une couleur ambrée magnifique. Toutefois cette fabrication est assez bornée, vu qu'on ne peut y consacrer que les foies des morues pêchées le jour même.

Restent les noves et les langues. Les noves sont les membranes qui se recueillent sur la raquette de la morue. Quant à ce qu'on appelle les langues, ce sont simplement les adhérences du bas de la mâchoire; c'est un mets assez délicat.

Telle est la pêche de la morue, soit au Grand-Banc, soit aux îles Saint-Pierre et Miquelon. Ces deux postes sont comme le point d'appui de toutes les expéditions au Grand-Banc, qui viennent y faire leurs provisions d'appâts, renouveler leurs vivres, réparer leurs avaries et déposer le produit des deux premières pêches. C'est encore à Saint-Pierre que viennent emmagasiner leurs récoltes les navires qui fréquentent Terre-Neuve, et à qui tout établissement sédentaire sur l'île est interdit. Saint-Pierre est donc le complément nécessaire de tout notre système de pêches.

Nous ne saurions terminer cette partie de notre ouvrage sans mentionner un coquillage très apprécié qui est, concurremment avec la morue, un des aliments le plus à portée des bourses modestes, la moule, que l'on trouve particulièrement sur les côtes du Grand-Barachois. Il y en a des quantités. Elles gisent, là, pêle-mêle, en tas, les unes sur les autres, superposées parfois en une triple rangée.

La moule des côtes de Saint-Pierre-Miquelon appartient à l'espèce dite « moule boréale ». Elle ne diffère pas sensiblement des autres, mais il faut bien admettre cependant que sa constitution lui est particulière, car elle ne gèle jamais, ce qui a lieu de surprendre, étant donnée, avec les froids intenses auxquels elle est exposée, la petite provision d'eau qu'elle emmagasine dans ses valves pour continuer ses fonctions respiratoires.

Il faut à la moule deux ans pour être comestible, ce qui n'a rien d'excessif si l'on considère qu'elle se nourrit de presque rien; malgré cela, elle est grosse et excellente. L'action de manger consiste pour elle à ouvrir et à fermer les valves, afin d'absorber les animalcules marins contenus dans l'eau de mer.

Autres industries. — Autour de la pêche de la morue gravitent toutes les industries qui fonctionnent dans les ports de mer. Les charpentiers, les voiliers, les forgerons sont constamment occupés à réparer et à entretenir les bâtiments qui ont accès dans la rade ou le Barachois.

Les conditions des salaires faites aux ouvriers appartenant à ces différents corps de métier sont généralement fixés ainsi qu'il suit : pour un ouvrier charpentier de maison, 6 francs par jour; pour un ouvrier maçon, 6 et 9 francs. Un ouvrier forgeron gagne par an 1,800 et 2,000 francs, et même plus, suivant ses aptitudes. Les calfats, qui sont au nombre de 24, gagnent 12 et 15 francs par jour, et quelquefois, quand le travail presse, 20 et 25 francs.

La cale du Gouvernement en hiver.

Un ouvrier charpentier de marine gagne, en été, 8 et 10 francs par jour.

En dehors de la pêche, on a plusieurs fois tenté de créer d'autres industries; toutes ces tentatives ont été abandonnées plus ou moins vite par suite du manque de bras.

On s'est occupé notamment de l'extraction de la tourbe. Toute la surface de nos îles, où la roche ne se montre pas, est, pour ainsi dire, recouverte d'une couche de cette matière combustible qui, dans certaines régions, a une épaisseur de plusieurs mètres. Mais la préparation de ce combustible est trop coûteuse. Dans un pays aussi humide, le séchage ne peut être fait qu'à couvert et il faudrait des espaces considérables pour abriter un approvisionnement suffisant pour une famille pendant la saison d'hiver. Sans préparation, la tourbe n'alimenterait pas un feu assez vif pour préserver des grands froids, et l'odeur insupportable qu'elle exhale en brûlant est tellement pénétrante, que les effets qui en sont imprégnés la conservent pendant plusieurs jours. Ce n'est donc pas dans un pays où le charbon de terre de bonne qualité vaut de 20 à 22 francs la tonne que l'on abandonnera ce dernier combustible pour donner la préférence à la tourbe.

Une maison américaine a paru disposée, en 1877, à exploiter des mines de fer à Miquelon. Toute la partie est de l'Étang de Miquelon contient en effet des gisements de minerais de fer que l'on voit à la surface du sol en masses terreuses rouges ou brunes. Ces masses, en certains endroits, couvrent plusieurs hectares avec une épaisseur dépassant 1 mètre sur les points élevés.

L'exploitation de ces mines de fer allait être entreprise quand la maison américaine qui devait s'en charger apprit l'existence, aux États-Unis, de gisements pareils à ceux de Miquelon, plus accessibles que ces derniers et auxquels elle donna la préférence.

Si l'on se préoccupe des autres industries, on trouve que plus elles ont de rapport avec celle de la pêche, plus elles sont en progrès. Ainsi la construction des navires, qui a commencé en 1855, est aujourd'hui très prospère. Nous allons tâcher de donner une idée de ses développements successifs depuis son origine jusqu'à nos jours.

En 1855, on a lancé deux petites goélettes de 16 et 17 tonneaux.

De 1855 à 1871, il n'a été construit qu'un seul navire : les *Deux-Frères*, jaugeant 39 tonneaux.

En 1871 a été mise à l'eau la goélette *Marie-Arthur*.

A partir de 1871, plus d'interruption; les constructions se font avec régularité, et la moyenne des navires construits est de quatre par année.

Commerce. — Le commerce des îles Saint-Pierre-Miquelon suit une progression constante. Les statistiques témoignent de la prospérité commerciale croissante du port de Saint-Pierre, où se centralisent toutes les opérations de trafic, tant à l'importation qu'à l'exportation.

En quarante ans, la valeur totale des marchandises importées et exportées a quadruplé. Le mouvement commercial, qui était en 1844, de 7,094,298, s'élevait :

	Francs.
En 1854, à	7,779,091
En 1864, à	11,271,104
En 1874, à	28,099,735
En 1884, à	29,331,654
En 1885, à	34,417,777
En 1886, à	25,365,540
En 1887, à	31,775,859

Le dernier chiffre se décompose de la façon suivante :

	Francs.
Exportations	18,230,272
Importations	13,746,587

Les exportations consistent exclusivement en produits de pêche, et les importations, en denrées nécessaires à la consommation locale, en effets d'habillement et en ustensiles de pêche.

	Francs.
Les principaux objets importés de France sont :	
Les habillements confectionnés	76,990

	Francs.
Les divers tissus de laine, de chanvre, coton et soie..	591,246
Le beurre salé, lard, graisse, suif, etc.	99,611
Les vins, cidres et bières..	504,652
Les alcools et les liqueurs.	399,220
Le sel de pêche.	696,655

Et enfin, tous les articles que la colonie ne peut créer ou se procurer chez ses voisins.

Le mouvement de la navigation entre la France et les colonies a suivi la même progression ascendante que le mouvement commercial.

D'après les statistiques officielles, il se traduit pendant les années de 1879 à 1883, par les moyennes ci-après :

Armements métropolitains sous pavillon français : — 482 navires d'un tonnage total de 66,704 tonneaux avec 3,432 hommes d'équipage.

Armements locaux sous pavillon français : — 1,312 navires d'un tonnage total de 38,715 tonneaux avec 3,336 hommes d'équipage.

Armements étrangers sous pavillon étranger : — 1,163 navires d'un tonnage total de 33,265 tonneaux.

En 1884, le mouvement des bâtiments métropolitains locaux et étrangers dans le port de Saint-Pierre a été de 3,364 entrées représentant 346,516 tonneaux.

Enfin, en 1887, les armements métropolitains et locaux ont produit dans le port de Saint-Pierre un mouvement maritime de 2,362 entrées et de 2,371 sorties représentant un chiffre de 356,968 tonneaux, avec 9,065 marins.

En y ajoutant les navires sous pavillon étranger, on constate un mouvement maritime de 3,543 entrées, et de 3,539 sorties, représentant un chiffre de 422,334 tonneaux.

Lorsque l'on considère l'importance respective des maisons françaises et étrangères; les résultats de la comparaison sont tout à l'avantage des maisons françaises. Ainsi, on ne compte guère plus, à Saint-Pierre, que deux maisons anglaises et deux maisons américaines faisant environ de 50,000 à 150,000 francs d'affaires. Il existe en outre deux maisons anglaises de commission, consignataires habituelles des goélettes qui apportent des États-Unis les marchandises commandées par le commerce local.

Les maisons françaises qui sont incontestablement aujourd'hui à la tête du commerce de notre colonie, peuvent se classer en maisons métropolitaines ayant succursale à Saint-Pierre pour l'achat des morues vertes, maisons métropolitaines ayant des établissements de sécherie, et maisons fondées à Saint-Pierre.

Les premières, qui sont au nombre de quatre, établies depuis 15 ans, 12 ans et 10 ans, ont créé le marché des morues vertes. Elles ont le siège de leurs opérations à Bordeaux. Les secondes arment en France des navires pour la pêche et le long cours, et dans la colonie, de nombreuses goélettes; elles préparent et exportent la morue sèche en France, aux Antilles, à la Réunion. Ces maisons, de même que les premières, achètent de grandes quantités de morue verte qu'elles expédient à Bordeaux et, par exception quelquefois, à Granville, Saint-Malo et Nantes. Quant aux maisons fondées à Saint-Pierre, leur nombre tend à augmenter chaque année. Elles vendent au détail les denrées alimentaires, les ustensiles de ménage, les étoffes, en un mot tous les objets nécessaires à la vie, et fournissent aux navires qui se livrent à la pêche les lignes de fond, câbles, hameçons, doris, tous les articles enfin dont ils ont besoin pour la campagne.

Nous mentionnons plus haut les maisons étrangères

installées à Saint-Pierre. Malgré leur peu d'importance, il serait à désirer que le commerce métropolitain pût s'emparer complètement du marché de la colonie; mais en raison de l'éloignement, les places de la métropole peuvent difficilement soutenir la concurrence avec les ports d'Amérique, du Canada et aussi avec les colonies anglaises voisines dont les importations à Saint-Pierre sont assez considérables. Ainsi qu'il ressort du tableau ci-dessous, les importations ont été :

	Francs.
En 1867, de.	4,344,762
En 1872, de.	3,581,029
En 1877, de.	5,215,782
En 1882, de.	6,407,684
En 1883, de.	7,322,914
En 1884, de.	8,430,927
En 1885, de.	8,752,464
En 1886, de.	8,880,233
En 1887, de.	9,686,709

Tandis que les exportations à l'étranger ont été seulement :

	Francs.
En 1867, de.	1,843,406
En 1872, de.	1,922,255
En 1882, de.	2,896,610
En 1883, de.	2,570,495
En 1884, de.	3,418,259
En 1885, de.	3,076,114
En 1886, de.	4,166,395
En 1887, de.	4,134,897

Il n'est pas sans intérêt de savoir où la colonie s'appro-

UN CAGEOT.

visionne de tout ce qui lui manque. Un service de petites goélettes est établi entre le port de Saint-Pierre, et l'île du Cap-Breton et l'île du Prince-Édouard. Ces deux îles fournissent des bestiaux, des volailles, du gibier. Le Canada donne les farines, le beurre, les fourrages, les bois de construction. De Bougor arrivent les matériaux à bâtir, la chaux, les briques; de Boston et de New-York, par goélettes américaines, les divers objets de nécessité que le commerce de France ne pourrait importer qu'à des prix très onéreux pour le consommateur. Des commis voyageurs, munis d'échantillons, visitent nos négociants et obtiennent d'eux des commandes qu'ils font exécuter par les maisons de commission qu'ils représentent.

Nous l'avons dit, en dehors de la pêche de la morue, il n'existe pas d'industrie aux îles Saint-Pierre-Miquelon. Le manque de bras en est surtout la cause; l'on doit renoncer à l'idée d'y envoyer des colons dont l'activité ne saurait être employée utilement que pour la pêche, genre de métier pour lequel il faut être né. L'indigène ne connaît que l'aviron et les filets.

Parmi les marins engagés pour la campagne de pêche et qui doivent être rapatriés, beaucoup sollicitent l'autorisation de passer l'hiver dans la colonie. L'objectif de l'hivernant est d'éviter la dépense d'un double voyage d'aller et retour et de gagner sa subsistance pendant l'hiver en se louant comme domestique ou ouvrier d'état. Cette catégorie d'émigrants ne saurait être évidemment un sérieux appoint dans l'œuvre de la colonisation de l'île.

CENTRES DE POPULATION. — Il n'existe dans la colonie que trois centres de population : Saint-Pierre, chef-lieu de la colonie; l'Ile aux Chiens, section de la commune Saint-Pierre; enfin, Miquelon-Langlade.

La population des trois îles était, au mois de novembre 1887, de 5,929 habitants ainsi répartis :

Saint-Pierre	4,744
Ile aux Chiens	611
Miquelon-Langlade	574

Le total général de la population, au 31 décembre, avait été estimé au chiffre de.. 6,338

Il a été ramené par le recensement effectif de novembre 1887 à celui de.. 5,992

Ce qui semblerait indiquer une diminution sensible de la population. Mais cette diminution provient uniquement de l'exagération de l'évaluation précédente.

La population des îles Saint-Pierre et Miquelon se répartit par lieu de naissance de la façon suivante :

France	1,373
Saint-Pierre-Miquelon	3,779
Colonies françaises	11
Colonies étrangères	766

Il n'y a que Saint-Pierre qui soit appelé à prendre de l'extension. Non seulement Miquelon n'a jamais progressé ; mais ce bourg, habité par des pêcheurs pauvres, sans travail l'hiver, perd chaque année de sa population et ne constitue qu'une commune privée de toute ressource, qui tombe de plus en plus à la charge de la colonie. L'île aux Chiens, par rapport à sa faible étendue, paraît avoir atteint son complet développement. Les habitants sont actifs et laborieux, ils ne pourront guère devenir plus nombreux sur l'île ; mais leur sort ne peut que s'améliorer grâce au voisinage de Saint-Pierre et aux relations commerciales qu'ils y entretiennent. Évidemment la prospérité de ces deux petits centres est subordonnée à celle du chef-lieu. C'est sur Saint-Pierre que doivent se concentrer tous les efforts pour faciliter le mouvement de la navigation et favoriser l'essor commercial qui s'accroît, du reste, d'année en année dans de très grandes proportions.

CLIMATOLOGIE. — Les îles Saint-Pierre et Miquelon sont, au point de vue météorologique, placées dans la zone froide sur la ligne isotherme qui a pour moyenne annuelle 5° au-dessus de zéro. L'été est sans chaleur; l'hiver est long; les plus basses températures varient entre 14° et 16° centigrades. Ce n'est qu'accidentellement que le thermomètre descend à 20° au-dessous de zéro. Les froids sont en somme assez rigoureux, mais, comme ils coïncident, en général, avec le beau temps, on n'en souffre pas outre mesure. Chose singulière, les personnes qui les supportent le mieux sont celles-là même qui sont depuis moins longtemps dans la colonie. En été, la température ne s'élève jamais à plus de 21°; elle est assez uniforme, et les oscillations thermométriques ont peu d'étendue. En hiver, l'amplitude de ces mêmes oscillations est considérable, et les changements de temps sont brusques et fréquents. Il n'est pas rare de voir, dans l'espace de 24 heures, le thermomètre monter de 15° ou 16° au-dessous, à 3° ou 4° au-dessus, et cette dernière température est souvent plus pénible que la première, car, déterminant la fusion partielle des masses énormes de neige qui recouvrent le sol, elle est inévitablement accompagnée d'une humidité excessive.

Ce climat convient donc mal aux personnes anémiées et d'une complexion délicate. Au contraire, les personnes d'une constitution robuste s'en trouvent très bien.

Les pluies ne sont ni fréquentes ni très abondantes : rarement elles durent une journée entière, plus rarement encore, plusieurs jours de suite. La brume, au contraire, persiste pendant des semaines, principalement dans les mois de juin et juillet. Redoutée des marins, dont elle limite l'horizon au pont du navire, elle est, dans les mers, un des dangers les plus redoutables de la navigation sur

Roche érodée, à Ingomachois.

le banc de Terre-Neuve. Les meilleurs mois de l'année sont août et septembre; pendant cette période, l'état brumeux n'est qu'accidentel.

C'est dans la dernière moitié du mois de novembre que la neige commence à couvrir la terre d'une manière permanente; décembre et janvier sont les mois pendant lesquels elle tombe avec le plus d'abondance.

Les vents du nord et du nord-est occasionnent des tourmentes de neige qu'on appelle à Saint-Pierre le *poudrin*. Secs et violents, ils tamisent la neige, la réduisent en poussière impalpable, la lancent des hauteurs dans la plaine, l'amoncellent dans un endroit pour la disperser ensuite, la faisant pénétrer par les moindres fissures jusque dans l'intérieur des appartements. Entreprendre une course un peu longue, les jours de *poudrin*, serait une grave imprudence. Se figure-t-on, en effet, l'épouvante du malheureux que ses affaires ont appelé au dehors et qui se voit surpris par une tourmente de neige, dans les buttereaux, par exemple? Comment se reconnaîtrait-il dans ce dédale de monticules où les points de repère à lui connus sont oblitérés par les amoncellements de neige? Il marche ou plutôt il erre, noyé dans la trombe de cette poussière fine et glacée qui lui ferme l'horizon, l'empêche de respirer; exténué, perdu, il n'a plus qu'à attendre stoïquement la mort, mort affreuse, pourrait-on penser? Non, car la congélation arrive sans qu'on s'en doute.

En février et en mars, les îles sont enfermées dans un cercle de glaces qui s'étend à perte de vue. Toutefois, les grandes banquises qui rendent la navigation particulièrement dangereuse dans ces parages ne se rencontrent qu'en haute mer. Les vents d'ouest dominent aux abords des îles Saint-Pierre et Miquelon; mais ce n'est qu'une indication générale, les variations de temps sont fréquentes et brusques.

Les orages sont excessivement rares. La grêle est presque inconnue. Des années entières s'écoulent sans que le tonnerre se fasse entendre. En 1887, il n'y eut sur l'île de Saint-Pierre qu'un seul orage, accompagné de tonnerre et d'éclairs.

Les aurores boréales sont fréquemment observées; mars, avril et mai, septembre et octobre sont les mois où elles sont le plus communes. Presque tous les soirs, à ces époques de l'année, lorsque l'état du ciel le permet, lorsque la brume disparaît pour laisser aux nuits, qui, par parenthèse, sont là-bas plus belles que les jours, leur sérénité habituelle, on peut assister à la danse de ces étincelantes marionnettes qui, au dire des pêcheurs, ont sur les vents et leur direction la plus grande influence.

En résumé, le cli-

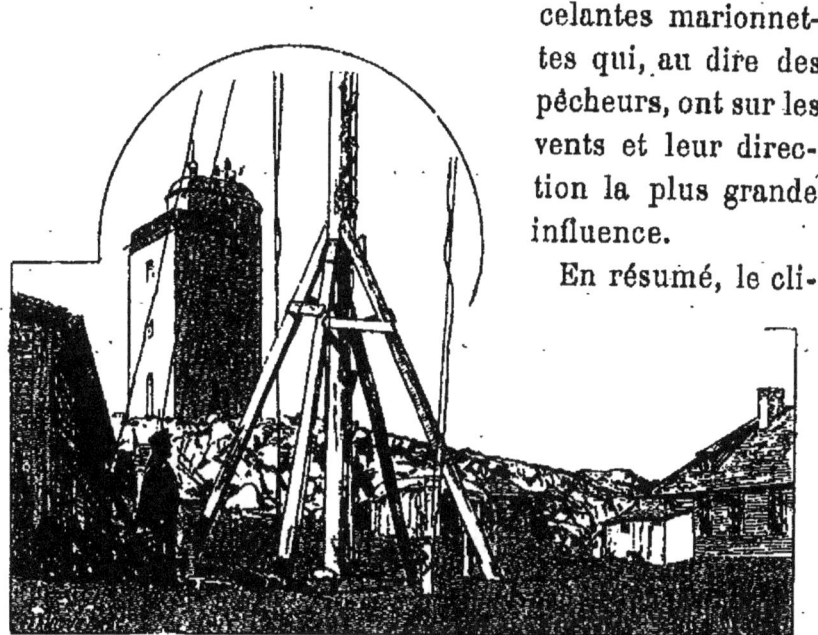

Le phare de Galantry.

mat des îles Saint-Pierre et Miquelon n'est pas aussi à craindre qu'on pourrait le croire; le chiffre de la mortalité est moins élevé qu'en France. Véritable climat marin, il n'exerce que sur la végétation sa fâcheuse influence, mais il l'exerce dans toute sa rigueur, comme nous l'avons exposé d'autre part.

Les jours, aux îles Saint-Pierre-Miquelon, ont une durée qui ne diffère pas sensiblement de celle qu'ils ont dans les localités de l'ouest de la France situées sous la même latitude. Du 21 décembre au 21 juin, ils croissent de 7 h. 52 min.; du 21 juin au 20 décembre, ils décroissent de 7 h. 54 min.

Moyens de communication. — *Prix des passages et des frets.* — Jusqu'à la fin de l'année 1884, la correspondance entre l'île Saint-Pierre et l'île Miquelon, était effectuée au moyen d'une goélette à voiles. Après la perte de cette goélette, survenue au mois de novembre 1884, une société anonyme s'est formée et a fait construire un petit steamer, le *Progrès*, ayant une capacité de 63 tonnes et une machine de 32 chevaux, qui effectue en peu de temps, depuis 1885, le trajet de la baie séparant les deux îles.

De grands progrès ont été également réalisés dans les communications de l'île avec l'Europe et le continent américain.

Jusqu'en 1874, des goélettes à voiles allaient chercher à Halifax le courrier des pays d'Europe, apporté par les steamers de la ligne Allan. En 1874, une société anglo-française s'est constituée et, subventionnée par la colonie, a entrepris, au moyen du navire à vapeur *Geo Shattuck*, le service postal entre Halifax et Saint-Pierre. Ce service a fonctionné régulièrement pendant dix années. En 1884, lorsque la Société anglo-française pour l'exploitation du *Shattuck* est arrivée au terme de sa durée, une nouvelle compagnie, entièrement anglaise, s'est substituée à l'ancienne et a mis en circulation un nouveau steamer, le *Saint-Pierre*, jaugeant 361 tonnes et mesurant 41 mètres de longueur sur 7 de largeur, aménagé pour 32 passagers.

Saint-Pierre est aussi en rapport périodique avec Saint-Jean de Terre-Neuve au moyen du steamer anglais le *Curlew*, qui transporte les passagers qui veulent prendre à Saint-Jean les steamers de la ligne Allan pour Liverpool.

Une compagnie anglaise et une compagnie française

ont établi chacune une succursale du câble télégraphique de Paris à New-York, où un nombreux personnel est occupé à réexpédier les dépêches envoyées soit d'Europe, soit d'Amérique. Saint-Pierre est, en quelque sorte, le pied-à-terre des câbles transatlantiques, grâce à sa position intermédiaire au milieu de l'Océan. L'atterrissement de ces câbles a eu lieu pour l'un à l'Anse à Pierre, pour

La Pointe aux Canons, en hiver.

l'autre, à l'Anse à Ravenel. La Compagnie anglaise s'est installée dans la colonie le 15 juillet 1869, et la Compagnie française, le 22 janvier 1880.

Le prix du passage entre la France et la colonie revient à la somme d'environ 750 francs pour les passagers qui empruntent ou la voie de New-York, par les paquebots de la Compagnie générale Transatlantique, ou celle de Liverpool, par les paquebots anglais. Par bateaux à voiles, le prix est en moyenne de 200 francs à la chambre, et de 90 francs pour les passagers de pont.

Des ports de la Manche à Saint-Pierre, le prix du transport de toutes les marchandises, à l'exception du sel, monte à 40 francs le tonneau ; celui du sel est de 35 francs la tonne.

De Bordeaux ou de Bayonne à Saint-Pierre, la tonne vaut 50 francs en feuillette ; elle vaut 55 francs des ports de la Méditerranée.

De Saint-Pierre aux ports de la Manche, le prix varie entre 35 et 40 francs la tonne ; il est de 45 francs de Saint-Pierre aux ports de la Méditerranée, et de de 35 francs de Saint-Pierre à Bordeaux.

On paye par 1000 kilogrammes de morue sèche :

	Francs.
De Saint-Pierre à la Réunion	70
De Saint-Pierre aux Antilles	45
De Saint-Pierre à Boston	35
De Saint-Pierre à New-York	40

Le fret des Antilles à Saint-Pierre vaut 50 francs la tonne ; de Boston à Saint-Pierre, 14 francs ; de New-York à Saint-Pierre, 16 francs.

Les droits de pilotage sont perçus directement par les pilotes d'après le tarif suivant :

BATIMENTS DE L'ÉTAT

	Francs.
Vaisseaux et frégates, de la mer en rade	70
Corvettes et transports, de la mer en rade	60
Avisos, de la mer en rade	50
Bâtiments de flottille y compris le vapeur postal, de la mer en rade	30

BATIMENTS DE COMMERCE

	Francs.
Navires jaugeant moins de 158 tonneaux, de la mer en rade..	20
Navires jaugeant moins de 158 à 300 tonneaux, de la mer en rade.	30
Au-dessus de 300 tonneaux, de la mer en rade..	40

A la sortie, les droits sont respectivement les mêmes pour les mouvements inverses.

MONNAIES. — La monnaie française est la seule monnaie légale dans la colonie où il n'existe pas d'établissement de crédit. Elle y est moins abondante que le numéraire étranger dont la circulation est autorisé à un taux fixé par deux arrêtés locaux en date des 16 juin 1873 et 5 décembre 1875. Nous donnons ci-dessous la nomenclature de ces monnaies étrangères avec l'indication de la valeur pour laquelle elles sont acceptées :

ÉTATS-UNIS

		fr. c.
Or. —	Double aigle.	108,00
	Aigle	5,400
	1/2 aigle.	27,00
	1/4 d'aigle..	13,50
	Dollar.	5,40
Argent. —	Dollar.	3,40
	1/2 dollar..	2,70
	1/4 dollar	1,35

ESPAGNE, MEXIQUE, ETC.

Or. —	Doublon	86,40
	1/2 doublon..	43,20
	1/4 doublon	21,60
	1/8 doublon..	10,80

ANGLETERRE

Or. —	Souverain.	26,00
	1/2 souverain..	13,00

Les relations pécuniaires avec la France n'éprouvent aucune difficulté : pour les faibles remises, quelques-uns font usage des mandats de poste; mais pour les créances plus importantes, on émet généralement des traites très favorablement accueillies dans les pays environnants, primées même dans quelques-uns.

Les lois fixant le taux de l'intérêt ne sont pas promulguées dans la colonie. Aucun arrêté local n'y réglemente le taux de l'intérêt; il y a donc liberté entière à cet égard; cependant on n'en abuse pas, et s'il se fait de l'usure, ce doit être très accidentellement.

Depuis longtemps l'intérêt est de 5 p. 100 en matière civile et de 6 p. 100 en matière commerciale sans oscillations ni fluctuations sensibles.

On a dit des îles Saint-Pierre-Miquelon que c'étaient de grandes fabriques de morue. Cette qualification n'a pas cessé d'être exacte, fort heureusement; notre petite colonie ne peut subsister, comme nous avons eu l'occasion de l'indiquer, que par la pêche où elle puise toute sa richesse, et il faut souhaiter qu'elle étende de plus en plus son cercle d'action, sans se laisser décourager par les progrès que font, dans la même industrie, nos rivaux les Anglais et les Américains. Les fabriques de morue, pour nous servir du mot consacré, n'assurent pas seulement de sérieuses ressources à l'administration publique; elles donnent au commerce et à l'État des matelots d'élite dont le recrutement doit être, dans la situation actuelle de l'Europe, la préoccupation constante de nos gouvernants. A ce seul titre, elles mériteraient toute notre sollicitude.

On sait que nos pêcheurs de Terre-Neuve ont été obligés de modifier leurs habitudes séculaires à la suite de la promulgation du *boet bill* qui interdit aux Anglais l'exportation et la vente de l'appât nécessaire à la pêche de la morue;

on sait aussi qu'au lieu de se procurer cet appât à Saint-Pierre-Miquelon, où l'apportaient les bateaux anglais, nos pêcheurs ont été forcés de s'approvisionner directement dans les havres du French Shore. Il résulte de renseignements tout récents que nous pouvons nous passer très aisément du concours intéressé que nous prêtaient jusqu'ici

LA PETITE MIQUELON. — Maison du Gouverneur.

les Anglais, et nous avons lieu de nous féliciter d'une mesure qui tourne tout à notre avantage. En effet, le havre Saint-Georges, où nous avons le droit exclusif de pêche est, assure-t-on, un véritable vivier à harengs qui peut approvisionner toute notre flotte de pêcheries.

Il y est venu pendant l'année 1888, du 12 avril au 23 mai, 132 navires montés par 2,248 hommes d'équipage, et le havre leur a fourni 21,773 barils de harengs. Il aurait pu en fournir bien davantage, car les derniers navires banquiers

— ceux qui pêchent sur les bancs du large — avaient appareillé au moment où la boitte donnait le plus abondamment. Sur ces 21,773 barils, 10,377 ont été fournis par les habitants de la baie, sur le désir des capitaines français qui craignaient, vu leur outillage imparfait, de ne pouvoir se boitter rapidement.

Ainsi donc l'expérience a réussi aussi bien et peut-être mieux qu'on ne pouvait l'espérer. Nos pêcheurs non seulement ne souffriront pas de ce nouvel état de choses, mais en tireront grand profit, ce qui n'était certainement pas le but poursuivi.

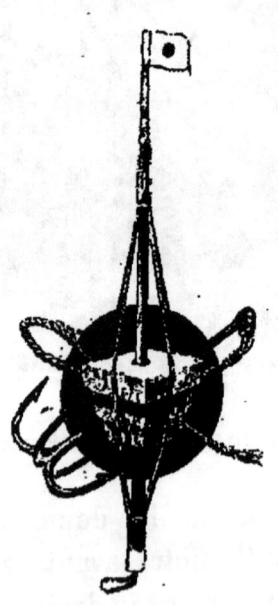

Une bouée.

SAINT-PIERRE-MIQUELON.

Renseignements statistiques.

Comparaison entre les années 1867 et 1887

POPULATION

1867. . . . . 3,801 }
1887. . . . . 5,929 } Augmentation 2,128

INSTRUCTION (sachant lire et écrire).

1867. . . . . 2,049 }
1887. . . . . 4,256 } Augmentation 2,207

IMPORTATION

1867. . . . . 7,082,149 }
1887. . . . . 12,239,210 } Augmentation 5,157,061

EXPORTATION

1867. . . . . 9,010,861 }
1887. . . . . 17,923,993 } Augmentation 8,913,132

ANIMAUX DOMESTIQUES

	1867	1887
Bœufs et vaches.	597	916
Moutons.	711	2,500
Porcs.	177	2,070

CAISSE D'ÉPARGNE

1867. . . . . »
1887. . . . . 98,543ᶠ 96

RECETTES ET DÉPENSES

Recettes.

1867. . . . . 317,594ᶠ 59 }
1887. . . . . 460,201ᶠ 20 } Augmentation 142,606ᶠ 61

Dépenses.

1867. . . . . 325,842ᶠ 01 }
1887. . . . . 457,067ᶠ 49 } Augmentation 131,225ᶠ 48

Bibliographie.

Maurice Caperon. — *Chasses et pêches aux îles Saint-Pierre et Miquelon.* Saint-Pierre, 1887.

Chevallier. — *La Morue et sa pêche.* Paris (l'Exploration), 1878.

Paul Gaffarel. — *Les Colonies françaises.* Paris, Alcan, éditeur, 1885.

Louis Henrique. — *Notice sur Saint-Pierre et Miquelon* (Atlas colonial). Paris, Bayle, éditeur, 1886.

Annuaire des îles Saint-Pierre-Miquelon. 1886.

Collections photographiques de l'Exposition permanente des colonies.

Collections photographiques de la Société de géographie, collection J. Thoulet.

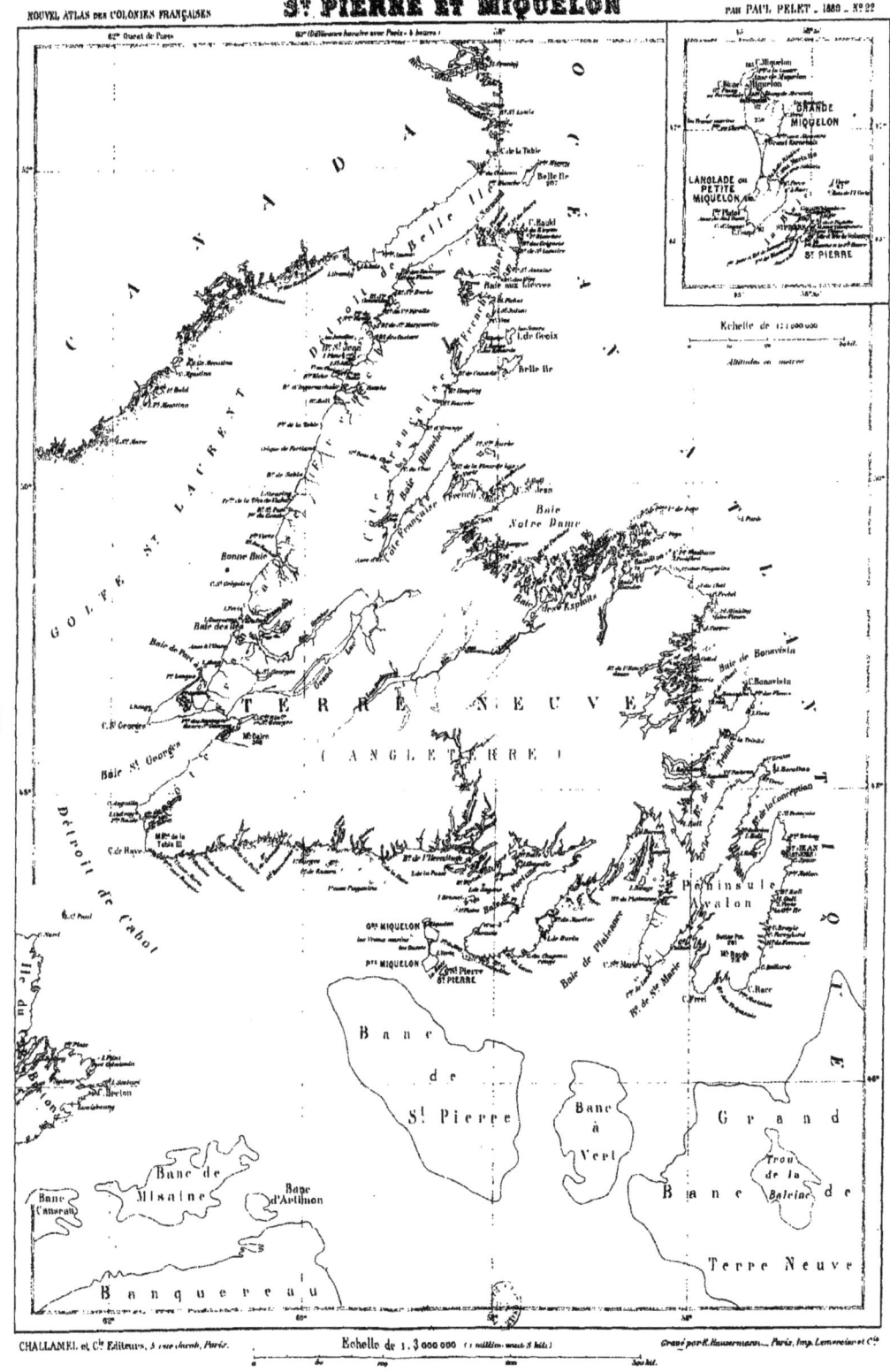

www.ingramcontent.com/pod-product-compliance
Lightning Source LLC
LaVergne TN
LVHW051510090426
835512LV00010B/2450